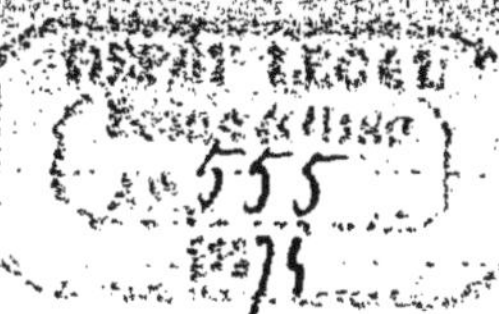

THÈSE

POUR LE DOCTORAT

PAR

François-Zephyrin-Georges **CAUSSANEL ROBAGLIA**

AVOCAT A LA COUR D'APPEL DE PARIS.

VERSAILLES

IMPRIMERIE G. BEAUGRAND ET DAX

RUE DU POTAGER, 9

1874

A LA MÉMOIRE DE MON PÈRE.

———

A MON PÈRE ADOPTIF.

———

A MA MÈRE.

FACULTÉ DE DROIT DE PARIS

DE LA LOI CINCIA ET DE L'INSINUATION
EN DROIT ROMAIN

DE LA TRANSCRIPTION
Des actes translatifs de la propriété des immeubles
au point de vue des personnes
qui peuvent invoquer le défaut de son accomplissement.
EN DROIT FRANÇAIS

THÈSE POUR LE DOCTORAT

PAR

François-Zephyrin-Georges CAUSSANEL-ROBAGLIA
AVOCAT A LA COUR D'APPEL DE PARIS

*L'acte public sur les matières ci-après sera présenté et soutenu
le Jeudi 16 Juillet 1874, à une heure et demie.*

PRÉSIDENT : M. LABBÉ, Professeur.

SUFFRAGANTS :
- MM. VUATRIN,
- DEMANTE,
- BUFNOIR, } Professeurs.
- ACCARIAS, Agrégé.

*Le Candidat répondra en outre aux questions qui lui seront faites sur
les autres matières de l'enseignement.*

VERSAILLES
IMPRIMERIE G. BEAUGRAND ET DAX
RUE DU POTAGER, 9

1874

DROIT ROMAIN

DE LA LOI CINCIA

DE L'INSINUATION

INTRODUCTION

Le mot donation désigne toute translation de propriété à titre gratuit, *dono datum*. *Donatio dicta est a dono quasi dono datum rapta a græco, nam hi dicunt* δῶρον καὶ δωρεῖσθαι *id est donum et donare* (1). *Dare* indique que la chose est transférée en propriété, *dono* qu'elle l'est gratuitement.

Le mot donation a été employé par les jurisconsultes dans un sens beaucoup plus large encore, il servait à désigner même les libéralités consistant en d'autres avantages que ceux d'une *datio* ou translation de propriété. Ainsi une personne peut se constituer débitrice envers une autre dans le but de lui faire une libéralité ; un créancier peut éteindre une dette en faisant remise de la dette au débiteur, il y a libéralité, car il y a extinction à titre gratuit d'une obligation préexistante. Un créancier fait cession de sa créance à un tiers sans exiger d'équivalent, il lui fait une libéralité. Un tiers est en train d'usucaper, le véritable propriétaire ne revendique pas, sachant très-bien qu'il en a le droit, il laisse l'usucapion s'accomplir, il fait une libéralité.

Il en est de même dans une foule d'autres cas.

---

(1) Paul, L. 35, § 1 (39-6).

Les Instilutes nous disent que la donation est un genre d'acquisition, *genus acquisitionis*, pourtant la donation n'est pas un mode d'acquisition, il y a une nuance qu'il nous faut expliquer.

Un mode d'acquisition, c'est l'ensemble des conditions nécessaires pour qu'un droit de propriété passe d'une personne à une autre, par exemple, la *mancipatio*, la *cessio in jure*, la tradition.

Un genre, au contraire, c'est un caractère que prend une acquisition d'après l'affaire à laquelle elle se réfère, d'après le but des parties.

La donation n'est pas un mode de translation. A l'époque classique, lorsqu'on voulait créer une obligation, une convention pure ne suffisait pas ; le créancier ne pouvait pas, en vertu d'un simple pacte, exercer d'action, car il y aurait eu trop d'incertitude pour distinguer de simples pourparlers des conventions sérieuses. Si les parties voulaient donner à leur convention la force d'une action civile, il fallait une stipulation.

Celui qui était ainsi devenu créancier avait un moyen de se faire payer, il en était de même dans la donation.

Antonin le Pieux décida qu'une simple convention, intervenue à titre de libéralité entre l'ascendant et le descendant, serait obligatoire civilement (1).

Justinien a renversé le principe et il a décidé qu'entre toutes personnes une convention seule suffirait pour rendre l'action obligatoire, il ne sera plus nécessaire qu'il y ait stipulation. La stipulation en effet suppose que les deux personnes sont présentes dans le même lieu. Du moment que le simple accord de volonté suffit, les personnes qui

-----

(1) Frag. Vat., 314.

seront éloignées pourront soit par lettres, soit par messagers, former entre elles une donation. C'est en ce sens que Justinien (1) dit que la donation sera parfaite dès que les volontés seront constantes.

Quand on dit parfaite, cela veut-il dire que la propriété sera immédiatement acquise au donataire ? Non, il ne faut pas l'entendre ainsi. Justinien parle d'une acquisition qui consiste dans la création d'une obligation ; mais, pour que la propriété soit transférée *donationis causa*, il faut la tradition (2). Justinien ajoute que, lorsque les parties sont d'accord, le donateur se trouvera dans la nécessité de faire la tradition, la convention suffit pour la donation, elle sera garantie par la *condictio ex lege*.

On peut ramener à trois les caractères essentiels de toute donation. Il faut d'abord appauvrissement de la part du donateur, enrichissement de la part du donataire et intention chez le donateur d'enrichir le donataire. Mais faut-il ajouter l'intention chez la personne enrichie de recevoir les biens à titre de libéralité ?

Sur cette question il s'est élevé entre les auteurs une controverse assez vive : il y a en effet des cas où le consentement du donataire est nécessaire, d'autres au contraire où il ne l'est pas. Faut-il en conclure que, dans ces hypothèses, le donataire va se trouver tel sans son consentement ? Telle est la question, nous nous contentons de l'indiquer ici, nous réservant de la résoudre lorsque le moment sera venu.

Il y a en général un grand intérêt pratique à bien distinguer si tel acte est ou non une donation. D'abord, comme

____

(1) § 2. *Instit.*
(2) Idem.

nous le verrons, les donations peuvent être soumises à des restrictions et à des formalités particulières. La donation est en principe défendue entre époux. Enfin la donation est révocable pour des causes déterminées qui ne sont pas admises en d'autres matières.

Il y a plusieurs espèces de donations : La donation entre vifs ; — la donation à cause de mort ; — la donation entre époux.

Chacune de ces trois classes va faire l'objet de notre étude.

Donations entre vifs.

Nous avons vu en commençant notre étude comment il peut y avoir donation, aussi ne nous occuperons-nous ici que de la donation au point de vue spécial de la révocabilité.

Les donations entre vifs ne peuvent être révoquées par la volonté du donateur (*temere revocari non possunt*), dit Justinien (1), en l'opposant à la donation à cause de mort. Mais il y a des exceptions et ce sont ces exceptions que nous allons faire connaître.

Primitivement, la révocation pouvait se présenter à l'occasion d'une *donatio sub modo*, c'est-à-dire avec une charge, charge qui diminue d'autant le montant de la donation.

Si la charge n'est pas exécutée par le donataire, pour savoir ce qu'il en adviendra, il faut distinguer selon que la charge était imposée au profit du donateur ou d'un tiers.

I. supposons que le donataire était obligé de servir une rente au donateur, il ne sert pas cette rente. Le donateur

---

(1) § 2. *Instit.*

pourra agir contre le donataire, c'est un créancier qui agit contre son débiteur ; le donateur peut agir en restitution intégrale, mais au moyen de quelle action ?

Dans le principe, le donateur avait une action personnelle dirigée contre le donataire lui-même Le donataire avait été rendu propriétaire, la propriété ne finit pas, mais il devait retransférer la propriété.

Dans le dernier état du droit romain, le donateur qui opte pour la révocation aura une action réelle, *actio in rem*, loi 1, C. 8, 55, il y aura résolution de la donation. Ces deux actions sont indiquées dans un rescrit de Gallien et Valérien.

II. Supposons maintenant que la charge soit imposée au profit d'un tiers. Dans ce cas l'option existe-t-elle ? le donateur a-t-il une action pour obtenir l'exécution ou bien pour obtenir la restitution des biens ?

Dans le pur droit romain cette option n'existe pas, parce que ce n'était pas le donateur qui devait bénéficier ; il n'y avait pas d'action personnelle, car le tiers n'était pas intervenu dans la donation ; mais le donateur avait le droit de demander la restitution avec la faculté de la révocation. Au Bas-Empire on a fini par accorder au tiers, *utilitatis causa*, une action pour obtenir l'avantage réservé à son profit par le donateur (1). Mais bien que l'on ait accordé cette action aux tiers, on n'a pas refusé au donateur le droit de demander la révocation. Ces deux droits, celui du tiers et celui du donateur, ont coexisté ; si le donateur agit en révocation, il met obstacle à l'action du tiers. C'est là un mode de révocation résultant de la donation elle-même.

Dans le dernier état du droit romain on trouve une autre

---

(1) Frag. Vat., 286.

cause de révocation, qui n'a été introduite que par Justinien :
c'est la révocation pour cause d'ingratitude. Avant Justinien
les donations n'étaient pas révoquées pour cette cause : cela
peut paraître étonnant; mais c'est constaté par les Frag.
du Vatican (1).

Dans le principe une donation ne pouvait être révoquée
lorsque le donataire se montrait ingrat. Il y avait cependant
des dérogations. Les donations faites par un patron à son
affranchi pouvaient être révocables *ad nutum*. La dépen-
dance de l'affranchi envers son patron entraînait la conséquence fatale qu'une donation entre vifs était toujours révocable. Il n'y a pas de règles de droit à tracer, nous dit-on.
Plus tard cette révocabilité absolue a présenté des inconvénients, aussi a-t-on limité les cas dans lesquels il y avait révocation. Parmi les cas où le patron a conservé le droit de
révoquer on trouve le cas d'ingratitude (2).

Cette idée a été généralisée. D'abord élargie, on l'a
admise dans les donations faites par un ascendant à son
descendant. Cette extension est due à Constantin et a été
confirmée par Théodose (3). Enfin Justinien a généralisé
le principe et a admis que toutes les donations seraient révocables pour cause d'ingratitude (4).

Les faits généraux d'ingratitude ne sont pas énumérés,
mais il y est fait allusion.

Si tamen ingrati existant homines in quos beneficium col-
latum est, donatoribus per nostram constitutionem licentiam
præstavimus certis ex causis eos revocare (5).

---

(1) Frag. Vat., 275.
(2) L. 10 (8-56), C.
(3) L. 7 et 9 (8-56), C.
(4) Inst., L. 10 (8-56), C.
(5) Inst., liv. II, tit. 7.

Voyons quelles différences il y a entre la révocation pour inexécution des charges et la révocation pour cause d'ingratitude.

I. Pour l'inexécution des charges, le donateur a non-seulement une action personnelle mais aussi une action réelle, une action *in rem*, il peut agir contre les tiers dont les droits tombent. Si le donateur ne peut, au moyen de son action réelle, recouvrer les biens en nature, il peut, au moyen de son action personnelle, obtenir une condamnation qui représente la valeur intégrale du bien. Enfin l'action appartenant au donateur, passe à ses héritiers et, à l'inverse, si le donataire meurt, ses héritiers sont tenus de la charge et l'action en révocation peut les atteindre.

II. Si, au contraire, la donation est révoquée pour cause d'ingratitude, les effets sont moins considérables.

Le donateur n'a qu'une action personnelle, il ne peut inquiéter les tiers. L'ingratitude étant un délit, la peine ne peut atteindre que l'auteur du délit, dès lors les droits sont maintenus à l'égard des tiers, l'action du donateur a un caractère pénal, elle a pour objet un sentiment de vengeance (1).

Actionem ita personalem esse volumus, ut vindicaturus tantum habeat effectum nec in heredem detur, nec tribuatur heredi.

Il en résulte que le donataire ne doit compte que des biens qui existent encore en nature ou de la valeur des biens qu'il aurait consommés depuis l'ingratitude commise. Mais s'il a consommé le bien avant l'ingratitude, il n'en doit aucun compte. L'action ne peut pas être exercée par les héritiers du donateur, et si le donataire ingrat meurt avant

---

(1) L. 7 (8-56), C.

d'être actionné, l'action ne pourra être intentée contre ses héritiers.

Les donations sont-elles révocables pour d'autres causes?

Les interprètes du droit romain en ont trouvé une troisième qui a passé dans notre code.

On suppose une donation faite par une personne qui, au moment de la donation, n'avait pas d'enfants et à qui il en survient dans la suite. La donation sera-t-elle révoquée?

Pour soutenir l'affirmative, on s'appuie sur la loi 8 au C. (8-56). Cette constitution de Constantin est un édit.

On suppose qu'un patron sans enfants a fait une donation de la totalité de ses biens, ou d'une quote-part de ses biens à un affranchi, s'il survient un enfant, la donation sera révoquée. C'est la fameuse loi, *si unquam*.

Peut-on conclure de là qu'il y avait, d'une manière générale, révocation pour survenance d'enfant? Non, car nous sommes en présence d'un édit, et on ne peut pas généraliser, on ne peut pas sortir du cas prévu, ce n'est pas comme si nous avions trouvé cette décision dans un rescrit.

En outre, les rapports entre les affranchis et les patrons avaient des règles spéciales, il n'est donc pas étonnant de trouver une semblable solution.

Il faut donc conclure que la surveillance d'enfants au donateur n'était pas une cause générale de révocation.

Dans notre ancienne jurisprudence on a généralisé le principe; Dumoulin y contribua beaucoup dans les pays de coutumes.

En dehors de ces règles, les donations entre vifs furent de bonne heure soumises à des restrictions et à des formalités particulières, que nous étudierons avec de grands développements plus tard.

Donations à cause de mor

La donation pour cause de mort est celle qui est faite sous la condition de la mort du donateur, soit dans un événement déterminé, soit avant la mort du donataire, c'est donc une donation qui ne doit produire son effet qu'après la mort du donateur (1). *Non videtur perfecta donatio mortis causa facta antequam mors insequatur.*

Dans les donations entre vifs, l'effet se produit d'une façon définitive ; il se produit du vivant même du donateur. Mais les donations soit conditionnelles, soit à terme, n'en sont pas moins des donations entre vifs, car le délai stipulé peut échoir du vivant du donateur. La donation à cause de mort est toujours conditionnelle, elle dépend de la mort du donateur. Une donation, faite en vue de la mort, peut être une donation entre vifs (2), car toute donation entre vifs peut être faite sous quelque condition que ce soit.

La donation à cause de mort est faite sous la condition de la mort du donateur, elle ne produit son effet certain qu'à ce moment. Ainsi, si le donateur échappe à la mort, la donation s'évanouira, de même si le donataire meurt avant le donateur. De plus, la donation est révocable au gré du donateur, les Institutes nous le disent (3). *Vel si eum donationis pœnituisset, vel prior decesserit is cui donatum sit.*

Mais il faut le remarquer, de ces deux caractères, l'un, la caducité pour décès du donataire, est de l'essence de la donation à cause de mort, tandis que l'autre, la révocabilité au gré du donateur, est de sa nature seulement. Nous voyons

-----

(1) Ulpien, L. 32 (39-6)
(2) Papinien, L. 42, § 1 (39-6).
(3) Liv. II, tit. 7, § 1.

en effet dans les textes, que celui qui a fait une donation à cause de mort peut renoncer plus ou moins à son droit de révocation. Le donateur, en effet, dans le cas d'une donation à cause de mort, se préfère au donataire ; mais il préfère celui-ci à ses héritiers, tandis que, dans le cas d'une donation entre vifs, il préfère le donataire à lui et à ses héritiers.

La donation à cause de mort peut, comme une donation entre vifs, consister en une aliénation, en une obligation contractée, en une décharge consentie. Le donateur peut employer la forme d'une *mancipatio*, d'une *cessio in jure* ; la propriété est immédiatement transférée au donataire, mais il intervient un contrat de fiducie, une stipulation au moyen de laquelle le donataire s'oblige à retransférer la propriété si le donateur vient à se repentir d'avoir fait la donation, ou, si le donateur lui survit. L'aliénation pourrait être, croyons-nous, suspendue jusqu'au prédécès du donateur, non pas que la condition suspensive puisse être explicitement insérée dans la mancipation ou la *cessio in jure*, mais parce que la volonté du donateur était exprimée assez nettement en dehors de l'acte légitime.

Le donateur peut faire tradition au donataire, alors, suivant sa volonté, la propriété sera immédiatement transférée ou elle ne le sera que lorsqu'arrivera son prédécès. Si le donateur se repent, s'il échappe au danger prévu ou si le donataire vient à prédécéder, le donateur aura le moyen de reprendre la chose. Si le donateur en faisant la tradition a entendu que l'aliénation ne se réalisât qu'au moment de son prédécès, alors pas de difficultés, le donateur tant qu'il est vivant peut revendiquer, et une fois qu'il est mort, la revendication passe au donataire. Mais supposons que le donateur ait voulu que le donataire devînt immédiatement propriétaire : s'il survit au donataire, s'il échappe au danger prévu ou s'il se repent, on peut soutenir, dit Ulpien, qu'il aura la revendication, *in rem utilis actio.*

Mais ce n'est pas l'opinion la plus répandue, car la propriété une fois transférée au donataire par la tradition émanée du donateur, si celui-ci veut avoir la propriété, il est obligé de se faire faire une seconde tradition. Tant que cette deuxième tradition n'a pas eu lieu, il ne peut revendiquer la chose, il ne peut employer qu'une *condictio.*

Les donations à cause de mort ont été assimilées aux legs. C'est cette assimilation qui fait douter sur le point de savoir si ces donations comme les donations entre vifs sont soumises à des restrictions et formalités particulières. Nous verrons cette question.

Donations entre époux.

La coutume avait fait interdire les donations entre époux, car on craignait que la donation ne fût le résultat d'un entraînement irréfléchi, ou que l'un des époux n'abusant de la faiblesse de l'autre ne s'enrichît à ses dépens. Cette prohibition des donations entre époux ne doit pas remonter bien haut car nous voyons que la loi Cincia, loin de prohiber ces donations, avait rangé l'époux parmi les *personæ exceptæ.*

Quoi qu'il en soit, l'effet de la prohibition est la nullité absolue. Mais une *donatio mortis causa* est permise entre époux, car le danger que l'on redoutait ne peut se présenter, la donation n'ayant d'effet qu'à la mort du donateur, et étant révocable au gré du donateur.

Un sénatus-consulte, dû à Septime-Sévère et Antonin Caracalla, modifia cette nullité, nous en reparlerons aussi plus tard.

DE LA LOI CINCIA

HISTORIQUE.

Faire une donation c'est assurément faire un acte louable, un digne emploi de sa fortune. Mais pour que cet acte mérite l'estime et la reconnaissance, il faut qu'il soit non-seulement réfléchi, mais il faut encore que le motif qui l'a dicté soit un motif honnête, une juste récompense de l'affection et des soins prodigués au donateur, et quelquefois même de certains services signalés.

Si le donateur, ne trouvant pas un frein suffisant dans sa prévoyance ou dans son égoïsme, se laisse guider soit par un entraînement passionné ou irréfléchi, soit par les machinations des personnes intéressées, alors il n'y a plus de limites, les donations peuvent devenir excessives et par suite funestes. Aussi le législateur doit-il intervenir dans l'intérêt même du donateur, dans celui de la famille et dans celui de la société. Cette intervention se comprend, car nous savons que la donation entraîne l'appauvrissement du donateur et l'enrichissement du donataire. Quel trouble dès lors dans l'ordre des fortunes, dans la famille! Ce danger devait être grand à une époque où Rome commençait à subir l'envahissement de toutes les corruptions qui, quoique rapides, ne minèrent pourtant l'Etat que par degrés.

A l'époque de la loi Cincia, Rome avait des possessions immenses dans l'Italie du nord, en Sicile, en Sardaigne et en Asie, et nous voyons Caton redouter déjà cette fortune qui, en agrandissant le territoire, mettait sa patrie en possession de royals trésors, *regias etiam attrectamus gazas*. Les richesses du monde entier, en l'efféminant, corrompirent Rome et commencèrent à lui faire subir le châtiment de ses conquêtes. Le Sénat avait acquis une immense autorité. L'équilibre, qui jusque là avait régné entre les deux ordres et qui faisait la force de la République, se rompit ; la noblesse patricienne vit tous les jours diminuer ses prérogatives, son influence disparut. Les plébéiens, au contraire, virent la leur augmenter de jour en jour, et ceux qui pouvaient payer le cens sénatorial, qui était de 800,000 sesterces (131,000 fr.) devenaient sénateurs. Tite-Live nous raconte que même des fils d'affranchis devinrent plus tard sénateurs.

La lutte entre l'aristocratie et la démocratie était ouverte, notre loi Cincia fut en effet portée soixante dix ans avant les lois de Tiberius et de Caius Gracchus. Depuis longtemps les plébéiens avaient obtenu le droit d'épouser des patriciennes ; les unions ainsi contractées avec des femmes nobles et riches avaient fait affluer de grandes richesses dans cette classe.

A ces causes de corruption se joignirent aussi les exactions des Verrès, des Appius et de tant d'autres que ne purent compenser le désintéressement et la probité dont firent preuve Caton en Sicile, Scævola en Asie, Sulpicius en Grèce et Cicéron en Cilicie.

A côté des proconsuls nous trouvons les chevaliers fermiers des revenus de l'Etat (*Publicani*) qui avaient considérablement augmenté leurs richesses par l'usurpation des terres conquises et qui avec les plébéiens enrichis formèrent au sein de l'Etat une seconde aristocratie, une aristocratie d'argent, bien plus redoutable encore que la vieille aristocratie des idées.

Deux courants entraînaient Rome, l'un vers la démocratie, l'autre vers la corruption des mœurs privées et publiques. Elle ne put ou plutôt elle ne voulut remonter le second malgré les efforts de quelques hommes vertueux qui voulaient imposer une digue à ce torrent qui débordait, leur voix se perdit dans le tumulte des passions.

La législation de cette époque fait foi du relâchement dans les mœurs. Elle essaie de résister; mais elle est obligée de faire des concessions, plus tard on ne fera plus de lois que pour les violer; aussi sont-elles impuissantes.

Nous voyons plusieurs lois portées pour ramener le peuple au respect des anciennes traditions religieuses qui se perdaient de plus en plus. On voit des lois lutter corps à corps avec le luxe envahissant des femmes romaines, la loi Oppia en est la preuve; mais, vingt ans après sa promulgation, elle est abrogée. On va même jusqu'à limiter le nombre des convives que l'on peut avoir à sa table, et, ce qui est plus étonnant encore, la quantité des mets qui pourront y être servis.

Viennent ensuite les lois d'un intérêt plus considérable et portées pour remédier à des maux bien autrement graves.

La loi Cincia contre la vénalité des orateurs et les excès des donations.

Les lois Furia Voconia et Falcidia apportèrent un terme aux dispositions testamentaires.

Ces lois pouvaient être facilement éludées. D'abord on

ne les viola que par ambition; puis lorsqu'au mépris des lois anciennes, les grands enrichis par le pillage et la ruine des provinces possédèrent des trésors considérables, la soif de l'or devint la passion dominante, on sacrifia la justice, les mœurs et la patrie au vil désir de s'enrichir. Dès ce moment il n'y eut plus de vertu, de liberté, on devenait vil et intrigant pour arriver à la richesse; riche, on se servait de sa fortune pour conserver le pouvoir et l'opulence.

Mais à l'époque où fut portée la loi Cincia, Rome n'était pas arrivée à ce degré de corruption, et le tribun Cincius, en la proposant, n'eut qu'un but immédiat, celui d'apporter un terme aux pouvoirs du chef de famille, de disposer de ses biens de la manière la plus absolue par donation entre vifs sans rien changer à la puissance paternelle en ce qui concernait les rapports des personnes.

Cette loi fut portée, selon toute probabilité, en l'an 550 de Rome par le tribun Cincius Alimentus, et Caton le Censeur, en fut l'un des plus ardents partisans. On aperçoit les traces de cette loi dans le code Théodosien, dans le Digeste, bien que nulle part elle n'y porte ce nom, et enfin dans le code de Justinien. Mais depuis la découverte des Frag. du Vat. qui remonte à 1821, nous en avons une connaissance plus grande bien qu'il y ait encore plus d'un point resté obssur (1).

Cette loi est antérieure aux lois testamentaires Furia Voconia et Falcidia, mais postérieure de 10 ans à la loi Oppia.

Nous trouvons dans cette loi deux chefs principaux, correspondant chacun à deux ordres d'idées bien distincts.

Le premier défend aux patrons de recevoir de leurs af-

---

(1) Cette découverte est due à M. Maï.

franchis ou clients les dons ou présents qu'ils avaient l'ha-
bitude de leur apporter, et il prohibe aux avocats et aux
orateurs de recevoir des honoraires pour les causes qu'ils
avaient plaidées.

Le second entrave la perfection des donations entre vifs
au delà d'une certaine quotité (*certum modum*).

Etudions successivement chacun de ces chefs.

Premier chef.

Ce premier chef est complétement étranger à la matière
des donations, mais il a occupé une grande place dans la
littérature latine, aussi ne croyons-nous pas inutile d'en dire
quelques mots.

« L'usage des dons et des présents à certaines époques
» de l'année ou dans certaines occasions », dit notre savant et regretté professeur M. Ortolan (1), « de la part des
» affranchis et des clients envers leurs patrons, était ré-
» pandu chez les Romains, et s'était tourné en une sorte
» d'obligation de convenance. Outre ces libéralités d'usage,
» il paraît que les dons exigés pour ainsi dire des plai-
» deurs par les orateurs qui les avaient défendus ou qui
» devaient les défendre, à l'époque surtout où c'était dans
» la classe aristocratique que se renfermaient principale-
» ment les connaissances et la pratique du droit, avaient
» fini par dégénérer en exactions des patriciens contre les
» plébéiens. »

Telle était la situation à laquelle on voulut remédier, et
Caton, qui appuya la loi de son éloquence, osa dire du haut

---

(1) *Explica. hist. des Instit.*, page 387, n° 506, tom. II, huitième
édition.

de la tribune aux harangues pourquoi la loi Cincia a prohibé les dons et cadeaux. Parce que le sénat s'habituait à lever des impôts et des tributs sur le peuple (1).

Cet état de choses ne pouvait durer ; en effet, une réaction populaire s'opéra, réaction suivie d'un complet effet, et qui amena la loi Cincia.

On peut s'étonner de voir ainsi le peuple obtenir des changements à ses maux. Mais on n'ignore pas que les Romains étaient un peuple libre ; or, toutes les fois qu'un peuple libre élève la voix, il est rare qu'il n'obtienne satisfaction, car il n'y a rien de pernicieux dans de pareilles réclamations, le peuple ne fait en effet entendre sa voix que quand il est opprimé, ou lorsqu'il craint de l'être. Nous avons bien des exemples dans l'histoire de cette république de libertés obtenues à la suite de tumultes ; c'est ce qui a fait dire à Machiavel que beaucoup d'auteurs pensaient que Rome avait été une république tumultueuse et pleine de confusion. Opinion erronée s'il en fut, car jamais les tumultes de la république n'entraînèrent ni exil ni effusion de sang, mais étaient toujours suivis des meilleurs effets. Les lois en faveur de la liberté ne naissent jamais que de la désunion des deux ordres, les grands et le peuple, et ce fut cette désunion qui, après la retraite du peuple sur le mont Sacré amena la création des tribuns, désunion qu'il faut approuver, parce que le peuple eut part à l'administration des affaires publiques, et que les tribuns armés de leur terrible droit de *veto* furent les gardiens fidèles des libertés de Rome et des intérêts du peuple. Ce fut en effet un tribun qui proposa ce plébiscite, plébiscite qui fut voté et qui amena un grand changement dans la situation des

---

( ) Tite-Live, XXXIV, *Catonis oratio*, 570.

plébéiens. Le but du tribun est un but éminemment politique, et Cicéron (1) nous rapporte la réponse que le tribun Cincius fit le jour même du plébiscite à un patricien qui lui demandait dédaigneusement : « Que proposez-vous là, petit Cincius : *Quid fers, Cinciole. — Ut emas, inquit, Cai, si uti velis.* Que vous achetiez, Caius, répondit-il, si vous voulez jouir. »

Une première disposition défendait aux patrons de recevoir des affranchis et des clients les dons et les cadeaux. Cette disposition ne pouvait survivre au patronage, et cette belle institution née avec Rome elle-même qui dura plus de six cents ans sans altération, finit par tomber en désuétude et avec elle la disposition de la loi. Cette institution était plus politique que civile.

La loi défendait en outre aux orateurs et avocats de recevoir des honoraires pour les causes qu'ils avaient défendues. Cette partie de la loi fut observée avec rigueur, et on trouve dans Tacite des exemples d'hommes vertueux montés au faîte des honneurs par une vie sans reproches et une éloquence désintéressée. *Ad summa provectos incorrupta vita et facundia.*

Mais un fait qui nous est raconté par le même auteur, et qui se passa sous Claude, nous prouve bien que cette loi n'a pas toujours été respectée.

Ecoutons Tacite (2) :

Après nous avoir dépeint Sullius, avocat de son temps, comme un infâme accusateur public, il nous dit que « nulle marchandise publiquement étalée ne fut plus à » vendre que la perfidie des avocats. Ainsi un chevalier

---

(1) *De oratione* (11-71).
(2) *Annales*, XI, 6.

» romain distingué, Samius, après avoir donné à Suilius
» quatre cent mille sesterces, reconnut qu'il le trahissait,
» et se perça de son épée dans la maison de ce défenseur
» infidèle. Cependant à la voix de C. Silius, consul désigné,
» ennemi personnel de Suilius, les sénateurs se lèvent et de-
» mandent l'exécution de l'ancienne loi Cincia.

» Ceux à la honte desquels on invoquait cette loi écla-
» tent en murmures. Silius insiste avec force, rappelant
» l'exemple des anciens orateurs, qui regardaient l'estime
» et la prospérité comme le plus digne salaire de l'élo-
» quence. Il ajoute que, penser autrement, c'est profaner
» par un vil trafic le plus noble des arts ; qu'il n'est plus de
» garantie contre la trahison, quand la grandeur des pro-
» fits est comptée pour quelque chose ; que si la plaidoirie
» n'enrichissait personne, il y aurait moins de procès ; que
» les inimitiés, les accusations, les haines, les injustices,
» étaient encouragées par les avocats, qui trouvaient dans
» cette plaie du barreau, comme les médecins dans les
» maladies, une source de fortune. Qu'on se souvint
» d'Asinius, de Messala, et dans des temps plus voisins,
» d'Aruntius, d'Eserninus, qui tous étaient montés au faîte
» des honneurs par une vie sans reproche, et une éloquence
» désintéressée. »

Suilius et ses amis entourent le prince et implorent l'oubli du passé. Claude qui, on le sait, avait une singulière
manière de rendre la justice, et qui, pour ce motif, était en-
touré d'un juste mépris, permit que l'on portât devant lui
la question des honoraires ; enhardis par ce consentement,
les adversaires de la loi Cincia firent valoir toutes les raisons militant en leur faveur.

« Selon eux, l'éloquence a un but utile et réel, c'est un
» appui ménagé à la faiblesse, pour qu'elle ne soit pas,
» faute de defenseurs, à la merci de la force. Et cependant

» ce talent ne s'acquiert pas sans qu'il en coûte. L'orateur
» néglige ses affaires, pendant qu'il se dévoue à celles
» d'autrui. Le guerrier vit de son épée, le laboureur de sa
» charrue, nul n'embrasse un état sans en avoir aupara-
» vant calculé les avantages. Asinius et Messala enrichis
» par la guerre, dans les querelles d'Antoine et d'Auguste,
» Eserninus et Aruntius, héritiers de familles opulentes,
» avaient pu aisément se parer de magnanimité ; mais
» d'autres exemples attestaient à quel prix les Clodius, les
» Curius mettaient leur éloquence. Pour eux, simples sé-
» nateurs, vivant sous un gouvernement tranquille, ils
» n'aspiraient à rien qu'à jouir des fruits de la paix, Que
» sera-ce du peuple, s'il en est dans cet ordre qui se dis-
» tingue au barreau? Oui, c'en est fait des talents, si l'on
» supprime les récompenses. »

Claude, que l'on n'avait pas de peine à convaincre, trouva
ces raisons fort suffisantes et, au lieu de remettre la loi
Cincia en vigueur, il se contenta de fixer des bornes aux
honoraires et permit de recevoir jusqu'à 10,000 sesterces
(1948) au-delà desquels l'avocat était coupable de con-
cussion.

C'était donc abroger implicitement la loi Cincia ou sinon
la modifier dans son principe. Trajan fit de vains efforts
pour la remettre en vigueur; mais il ne put y réussir.
Sous les Antonins apparut un principe nouveau. Le juge
est appelé d'après le procès, le talent de l'orateur et la coutume du barreau, à fixer lui-même le montant des honoraires, sans toutefois qu'ils puissent dépasser cent écus d'or.
Il fallait, en outre, que l'avocat, pour pouvoir réclamer ses
honoraires, ait fait un pacte, mais un pacte postérieur à la
plaidoirie, car on craignait encore que le client se laissât
entraîner, par la nécessité où il était d'être défendu, à pro-
mettre une somme trop forte. Mais cette limitation ne

regardait en rien ni les jurisconsultes, ni les professeurs, leur mission étant d'éclairer par leurs sages avis les plaideurs, et de mettre l'expérience acquise par une profonde étude du droit au service des avocats eux-mêmes. La sagesse civile est trop sainte, a dit Ulpien, pour devoir être estimée à prix d'argent ou exposée à la honte d'un jugement d'honoraires. Et il finit en posant cette règle : *Quædam enim tametsi honeste accipiuntur inhoneste tamen petuntur.*

Le but politique et moral de ce premier chef ressort bien nettement de ces dispositions elles-mêmes. Défendre les dons et cadeaux entre patriciens et plébéiens but essentiellement politique, et les demandes exagérées d'honoraires but essentiellement moral, car la probité et le désintéressement doivent être les apanages inséparables du défenseur du faible et de l'opprimé ; faire rendre à chacun le sien, ne pas imposer à la peur et à l'embarras du client des honoraires excessifs. Telle doit être la pensée qui doit animer l'avocat et qui a dicté au tribun Cincius les premières dispositions du plébiscite.

Second chef.

Ce second chef qui va nous retenir plus longtemps est le seul qui s'occupe des donations entre vifs. Il avait été édicté surtout dans l'intérêt du droit privé, quoique, s'il faut en croire un auteur bien autorisé, il ne fût pas complétement étranger à l'ordre public.

M. Laferrière, en effet, dans une dissertation des plus savantes, cherche à démontrer que l'intérêt public a été pris en grande considération par l'auteur de ce plébiscite. Nous ne croyons pas inutile de reproduire sinon tous les arguments, du moins quelques-uns de ceux que le savant auteur a fait valoir dans cette étude.

Sous la loi des Douze Tables les donations étant assujetties aux formes générales de l'aliénation à titre onéreux ne connaissaient aucune limite de quotité. La loi Cincia, restreignant la libre faculté de donner, fit deux catégories de donations.

La première comprenait les donations ne dépassant pas un certain taux (*donatio intra modum*) ou faites à certaines personnes (*personæ exceptæ*).

La seconde comprenait, au contraire, les donations excessives *extra modum* et faites à des *personæ non exceptæ*.

Cette classe toute exceptionnelle de *personæ exceptæ* comprenait tous ceux avec lesquels le donateur avait des rapports de parenté soit paternelle, soit maternelle; jusqu'au 5ᵉ degré et au 6ᵉ le cousin et la cousine (*sobrinus sobrinave*); les personnes *in potestate*, *in manu mancipiove*, certains alliés, le mari, la femme, le fiancé et la fiancée, le tuteur s'il veut donner au pupille, mais non réciproquement, le patron s'il reçoit de ses affranchis mais non réciproquement. (*Frag. Vat.* 298 à 309).

Les restrictions de la loi Cincia ne regardent que les personnes tout à fait étrangères au donateur. La loi Cincia, tout en établissant un système de protection pour la famille, allait encore plus loin, elle protégeait aussi le donateur au moyen d'une exception perpétuelle, *exceptio legis Cinciæ*.

Si le donateur avait payé la somme promise ou livré la chose donnée, il pouvait répéter contre le donataire pour le surplus du taux fixé par la loi Cincia. Non-seulement le donateur pouvait répéter, mais même tout citoyen, car l'exception est populaire, *etiam quivis quasi popularis sit exceptio*, dit Ulpien.

Comment expliquer cette exception populaire ? Ce n'est pas par le respect de la loi pour la garantie de la famille, car il eût suffi, dans ce cas, de donner l'action aux membres de la famille. Mais il faut nous souvenir, dit M. Laferrière, que la loi Cincia avait deux chefs dont le premier est essentiellement politique. Dès lors il se peut que le tribun Cincius, dans le second chef de la loi, ait mêlé, à l'intérêt privé qu'il voulait sauvegarder, une autre idée d'un ordre différent. La pensée politique du tribun pouvait être, à une époque où la lutte existait si grande et si acharnée entre les patriciens et les plébéiens, d'empêcher les patriciens, les citoyens riches, de faire passer par leurs largesses intéressées des clients, des citoyens pauvres, mais considérés, des centuries d'une classe inférieure dans une classe supérieure où ils pouvaient avoir une part plus efficace aux votes des comices, aux élections des magistrats, aux jugements en matière capitale, et s'unir plus étroitement aux intérêts de l'aristocratie. Il est certain qu'une condition du patronage était que les clients devaient appuyer les patrons de leurs suffrages. Les lois Calpurnia et Tullia *de ambitu* ont eu successivement pour but d'arrêter les scandales. La loi Cincia, antérieure de deux siècles, voulait prévenir une influence qui avait quelque chose d'honorable et qui ne pouvait être réprimée comme un délit. Dans les gouvernements libres on voit les citoyens libres chercher, à l'aide de leur fortune, à augmenter le nombre des électeurs à l'appui de leur opinion ou de leur candidature. Ce qui prouve donc, en premier lieu, que la restriction de la loi Cincia était apportée non-seulement dans l'intérêt de la famille mais dans un intérêt politique, c'est le caractère imprimé à l'exception perpétuelle de la loi qui devenait une sorte d'action publique en restitution.

Une seconde preuve se tire du changement qui s'opérait au décès du donateur. L'exception perpétuelle, transformée en droit de répétition, ne passait point à l'héritier si le donateur avait persévéré dans sa volonté jusqu'à son décès. La persévérance de volonté purgeait le vice de fraude de la loi Cincia ou, comme disait Papinien, la persévérance de volonté périmait l'exception. L'intérêt de la famille, cependant, n'en était pas moins blessé, puisque la chose donnée lui était enlevée. Mais, d'une part, la donation entre vifs se trouvait transformée, par la persévérance du donateur, en donation à cause de mort. Et, d'autre part, l'intérêt politique du donateur ne pouvait plus exister : en politique et en matière de suffrages, la mort termine tout. *Mors omnia solvit.*

Une troisième preuve à l'appui de cette opinion se tire des dispositions de la loi Cincia relatives aux terres situées dans les provinces. Les Romains avaient d'immenses possessions dans l'Italie du nord, en Sicile, en Sardaigne, en Asie, au temps de la loi Cincia.

Cette loi n'apportait aucune restriction aux donations de terres situées dans les provinces. Les fonds du territoire romain ou du Latium qui seuls constituaient parmi les propriétés immobilières des *res mancipi*, seuls étaient frappés par la restriction et ne pouvaient être donnés aux personnes non exceptées que dans la limite de la quotité fixée par la loi Cincia. Pourquoi les terres provinciales ou tributaires *non mancipi* pouvaient-elles être données ainsi sans restriction ? L'intérêt de la famille avait à en souffrir, cela est certain ; mais l'intérêt politique n'y était nullement engagé. En effet les terres de l'*ager romanus* et du Latium figuraient seules dans le cens du citoyen au temps de la loi Cincia et même de Cicéron. Les terres provinciales, au contraire, n'étaient pas portées au cens et ne servaient point au taux des centuries. Voilà pourquoi les donations des premières étaient très-limitées et les donations des dernières illimitées. L'intérêt politique, qui concourait fortement à établir la restriction de la loi Cincia, venant à cesser, la prohibition de donner cessait elle-même. *Cessante causa cessat effectus.* Cette différence entre les donations de terre de propriété romaine et des terres de propriété provinciale était si profondément établie dans l'esprit de la loi Cincia, qu'elle s'est maintenue tant que la différence entre le sol italique et le sol provincial a été conservée réellement dans le droit civil de l'Empire. Les Frag. du Vat. nous ont transmis un texte de Dioclétien de l'an 293 qui porte que dans la donation d'une chose tributaire on ne fait, d'après la loi Cincia, aucune différence entre les *personæ exceptæ* et les *personæ non exceptæ.*

Ce texte démontre la persistance de la loi Cincia en ce qui concerne l'Italie et l'absence de sa prohibition dans le droit provincial.

Il en résulte ce point important qui reparaîtra dans l'histoire du droit coutumier, savoir : que les donations entre vifs, même de biens immeubles, étaient regardées comme libres et illimitées dans le droit romain des provinces. L'empereur Alexandre Sévère, voyant l'abus possible, étendit en certains cas aux donations entre vifs la plainte d'inofficiosité. *D. XXXI. I.* 87. § 3.

C'est là, comme le dit M. Laferrière, une idée nouvelle ; que nous ne chercherons pas à réfuter, car cela nous entraînerait trop loin ; nous nous contentons de la faire connaître, car elle nous a paru mériter une certaine attention, bien qu'elle ne nous paraisse pas tout à fait exacte.

Etudions maintenant cette loi ou plutôt ce plébiscite dans ses différentes dispositions.

Ce plébiscite, avons-nous dit, fit deux catégories de donations : celles ne dépassant pas un certain taux ou faites à certaines personnes, *personæ exceptæ,* laissant vivre, à cet égard, l'ancien droit, et celles qui dépassent le taux et faites à des personnes *non exceptæ.* Quel était le taux ou le *modus legis Cinciæ?* C'est là un point qui, déjà du temps de Cujas, donnait lieu à controverse sur le point de savoir, si c'était, oui ou non, la loi Cincia qui avait la première apporté une limite aux donations. Il y a en effet une foule de textes qui parlent du taux de la loi. Quoi qu'il en soit, on ne connaît pas le taux. On ne peut pas dire que c'est celui qui fut adopté pour l'insinuation, car c'est là une matière toute différente. Les uns prétendent que le *modus* est un chiffre fixe qui reste le même pour toute donation, d'autres, que c'est une quote-part de la fortune du donateur, d'autres qu'il variait suivant la classe des personnes, comme dans la loi Furia Caninia. Dans les Frag. du Vat. le § 304 parle seul du *modus*, et prouve que c'est la loi Cincia qui l'a établi.

Les parag. 298 à 309 énumèrent les *personæ exceptæ* de l'ancien droit dont nous avons déjà parlé.

Voyons quel moyen avait le donateur pour pouvoir révoquer une donation qu'il croyait excessive et qu'il ne voulait pas exécuter. Le donateur n'avait d'autres moyens de repousser la prétention du donataire qui revendiquait le droit que lui avait conféré la donation suivant les règles du droit civil, que d'opposer l'exception *legis Cinciæ*. (Vat. § 310.)

A quel moment la donation devient-elle parfaite ?

Pour cela nous distinguerons deux époques :

Première époque. — Droit antérieur à la loi Cincia.

Deuxième époque. — Droit établi par la loi Cincia.

Droit antérieur à la loi Cincia.

La donation devient parfaite quand le donataire a acquis soit un moyen d'action, soit un moyen de défense à l'effet d'entrer en jouissance ou d'y rester. Aussi devrons-nous faire plusieurs hypothèses pour saisir le moment précis où le donataire est ainsi nanti de la chose faisant l'objet de la donation.

Supposons une donation par voie de dation.

L'aliénation de la propriété sera soit quiritaire, soit bonitaire. Selon la nature du droit et le mode employé le donataire sera muni soit d'une action réelle civile, soit d'une action réelle prétorienne.

Si l'obligation est contractée *verbis* ou *litteris*, le donataire aura une *condictio*.

Si la donation a eu lieu par une remise de la dette, ou cette remise a eu lieu par *acceptilatio*, alors la dette est éteinte, ou bien il y a un pacte *de non petendo*, et la dette subsiste, sauf au débiteur à se défendre par une exception.

Si c'est une délégation, il peut se présenter plusieurs hypothèses :

1° Le donateur agit *animo novandi*, il s'engage envers le créancier du donataire ;

2° Le donateur peut faire prendre l'engagement par son débiteur, au lieu de le prendre lui-même ;

3° Sur son ordre, son débiteur s'engage envers le donataire lui-même.

Droit établi par la loi Cincia.

Les donations auxquelles la loi Cincia s'applique, c'est-à-dire celles dépassant un certain taux et faites à des *personæ non exceptæ*, ne sont parfaites que lorsque le donateur a perdu tout droit sur la chose.

Ces donations, la loi Cincia ne les prohiba pas, elle ne fit que les entraver et en rendit la perfection plus difficile.

Quant à celles faites *intra modum*, ou à des *personæ exceptæ*, elles rèstèrent sous l'empire du droit commun, il n'y fut rien changé.

Donc, sous l'empire de la loi Cincia, pour que la donation soit parfaite, il faut que le donateur ait perdu tout droit sur la chose. Ainsi, si le donateur avait livré la chose sans la manciper, si le donataire opposait à sa revendication l'*exceptio rei donatæ*, il triompherait au moyen de la *replicatio legis Cinciæ*.

La loi Cincia ne prononçait pas la nullité de la donation pour ce qui excédait le taux fixé. C'est ce qui a fait dire à certains auteurs que c'était là une loi imparfaite. Mais telle n'est pas notre opinion ; nous reviendrons du reste sur cette question.

Voyons maintenant comment le donateur pouvait opposer l'*exceptio legis Cinciæ*.

Le donataire peut avoir besoin d'exercer une action pour jouir de la libéralité ; c'est alors que le donateur pourra lui opposer l'exception ; ou le donataire est nanti, alors la loi ne donne au donateur aucune action spéciale pour rereprendre sa chose, mais elle lui accorde une faveur, celle d'exercer tous les moyens qui sont en son pouvoir. Chose qu'il n'aurait pu faire sous l'empire du droit commun.

Reprenons les différentes hypothèses prévues antérieurement à la loi Cincia :

I. *Donation par voie de dation.*

S'il s'agit d'une chose *nec mancipi*, la simple tradition suffit pour dépouiller le donateur et pour parfaire la donation.

S'il s'agit d'une chose *mancipi*, la tradition seule ne suffira plus ; il faudra la *mancipatio*. Si donc le donateur s'est contenté de manciper la chose, il pourra opposer l'exception *legis Cinciæ* à la revendication du donataire. S'il a livré la chose, le donataire pourra usucaper. Mais le donáteur pourra intenter l'action en revendication à l'effet de reprendre sa chose, et si le donataire lui oppose l'exceplion *rei donatæ et traditæ*, il lui répondra victorieusement par la *replicatio legis Cinciæ*.

S'il s'agit d'un objet mobilier, selon que ce sera une *res nec mancipi* ou une *res mancipi*, il faudra soit la tradition, soit la tradition suivie de mancipation. Mais, au moyen des interdits, celui qui a possédé le plus logtemps dans l'année qui suit la tradition, peut se faire remettre en possession ou s'y faire maintenir, c'est au moyen de l'interdit *utrubi*. Le donataire ne peut évidemment pas se prévaloir de l'*accessio possessionum*. (*Gaius, C. IV*, § 151.)

II. *Donation par voie d'obligation.*

La donation peut être faite *verbis* ou *litteris*.

Les textes ne parlent que de l'obligation contractée *verbis*, aussi est-ce de celle-là seule que nous parlerons. Car on sait en effet que les contrats *litteris* étaient usités pour les *argentarii* seuls.

Quand une donation est faite *verbis* à une personne non exceptée, il faut appliquer les mêmes règles que pour la donation par voie d'aliénation. Il faut, pour que la donation soit parfaite, qu'il y ait tradition ou mancipation pour les immeubles, et de plus pour les meubles, avoir possédé pendant le plus longtemps dans l'année, condition essentielle pour que l'interdit *utrubi* puisse avoir son effet.

Mais à l'égard des personnes non exceptées, il ne suffit pas pour parfaire la donation d'une mancipation ou d'une promesse. Que s'il s'agit de choses mobilières, même après la tradition faite, on exige encore que le donataire remplisse les conditions nécessaires pour triompher dans l'interdit *utrubi*, soit que la donation de *res mancipi* ait été faite par la mancipation, soit que la donation de *res nec mancipi* ait été réalisée par la tradition (311, § V, Paul).

In persona non excepta sola mancipatio vel promissio non perficit donationem. In rebus mobilibus, etiamsi traditæ sint, exigitur ut et interdicto utrubi superior sit is cui donata est sive mancipi mancipata sit sive nec mancipi tradita.

Lorsque ces conditions seront remplies, la donation par voie de promesse sera parfaite; mais ici il faut distinguer si le donateur a su ou n'a pas su s'il était protégé par la loi Cincia.

S'il l'a ignoré en exécutant sa promesse, la donation est *imperfecta* et la *condictio indebiti* est ouverte.

Le § 266 d'Ulpien, tout en développant le principe que nous venons de poser, y apporte d'autres notions.

Indebitum solutum accipimus non solum si omnino non debebatur sed etsi per aliquam exceptionem peti non poterat, id est, perpetuam exceptionem ; quare hoc quoque repeti poterit si quis perpetua exceptione totus solverit. Unde si quis contra legem Cinciam obligatus non excepto solverit, debuit dici repetere eum posse, nam semper exceptione Cinciæ uti potuit.

« Nous disons qu'il y a paiement de l'indu, non-seulement lorsque rien n'est dû, mais encore lorsque la demande pouvait être repoussée par une exception perpétuelle. En conséquence, la répétition est possible, si une exception perpétuelle existait en faveur de celui qui a payé, et par suite a exécuté la donation à laquelle il s'était obligé au delà du *modus Cinciæ* envers une personne non exceptée, nous sommes forcés de dire qu'il peut répéter, car il a toujours eu à son service l'exception *legis Cinciæ*. »

Il s'agit, dans le texte que nous venons de rapporter, d'une donation faite par voie de promesse dépassant le *modus Cinciæ* à une personne non exceptée.

Cette promesse a été exécutée, c'est ce qu'indiquent les expressions *obligatus non excepto solverit*; le donateur a transféré la propriété; et, s'il eût été poursuivi en exé-cution de son obligation, il aurait pu opposer l'exception de la loi Cincia; mais, comme le dit Ulpien, il aura la *condictio* pour répéter ce qu'il a payé, car toutes les fois que la poursuite du créancier aurait pu être repoussée par une exception perpétuelle, il y a paiement de l'indu. Toutefois (*loi* 40, *princ. liv.* 12, *tit.* 6.) le principe n'est pas absolu, il ne s'applique qu'aux exceptions dont le but direct est de protéger le débiteur et non point à celles qui sont données en haine des créanciers, comme celle du sénatus-consulte Macédonien ; mais évidemment l'exception *legis Cinciæ* est dans l'intérêt du débiteur.

D'après le silence qu'Ulpien garde sur l'erreur, plusieurs interprètes ont soutenu qu'il s'agissait ici, non d'une *condictio indebiti*, mais d'une *condictio ex injusta causa*, exception fondée sur la violation de la loi, et sur la nullité du titre exécuté.

Et l'on voit tout de suite l'intérêt de la question : si, en effet, c'était une véritable *condictio ex injusta causa*, il ne serait pas nécessaire que le paiement eût été fait par erreur; c'est là une fausse interprétation du texte d'Ulpien, car on sait que la *donatio contra Cinciam* est une *justa causa* puisqu'elle permet l'usucapion, et que la mort du donateur dans les mêmes sentiments confirme la donation.

Du reste, Ulpien n'avait pas à faire ici la théorie générale de la *condictio indebiti*, il n'avait qu'à en faire une application, et quant aux conditions requises, il s'en réfère au droit commun.

On tire encore une objection des fameuses lois 21 et 5, mais nous les examinerons plus tard. Ainsi l'errreur est exigée, et le donateur aura la *condictio indebiti*.

Le donateur devra prouver une erreur de fait, pour pouvoir répéter, soit qu'il ait pris le donataire pour une personne exceptée, alors qu'elle ne l'était pas, soit qu'il se soit trompé sur le calcul du *modus*.

C'est là, disons-le en passant, ce qui a fait dire que le taux n'était pas une somme fixe, puisqu'on admettait qu'il peut y avoir erreur sur le *quantum*. Cet argument n'a pas une grande valeur, car rien n'empêche le donateur de se tromper sur la valeur même de l'objet, qui peut être supérieure au *modus* sans qu'il le sache.

Nous n'étendons pas la possibilité de la *condictio indebiti* à la donation par voie d'aliénation, car la loi Cincia se borne à rendre efficaces les moyens de droit commun, or la *condictio indebiti* est soumise à une aliénation à titre de paiement d'une obligation préalable.

C'est ici, croyons-nous, le moment de parler de l'exception de la loi Cincia, et d'en faire l'application en même temps que la théorie générale.

Théorie générale de l'exception legis Cinciæ.

Perficitur donatio in exceptis personis sola mancipatione vel promissione, quoniam neque Cinciæ legis exceptio obstat neque in factum si non donationis causa mancipavi vel promisi me daturum. (§ 310, Paul).

« A l'égard des personnes exceptées, la donation se parfait par la mancipation seule ou par la simple promesse, car ni l'exception de la loi, ni l'exception *in factum*, n'y font obstacle, si ce n'est pas à titre de donation que j'ai fait la mancipation ou la promesse de donner. »

Le donateur a à sa disposition deux exceptions :

L'exception *legis Cinciæ* générale;

L'exception *in factum* plus spéciale, qui restreindra les pouvoirs du juge.

Nous allons établir maintenant les véritables caractères de l'exception *legis Cinciæ* :

1° Cette exception dérive de la loi ;

2° Elle n'est pas fondée directement sur l'équité ;

3° Elle absout le défendeur ;

4° Elle est perpétuelle ;

5° *Rei cohœrens popularis ;*

6° Transmissible aux héritiers, sauf le principe *morte Cincia removetur.*

Un mot sur chacun de ces caractères.

I. *L'exception legis Cinciæ dérive de la loi.* — L'exception n'est pas en effet une exception prétorienne. Il y a eu des doutes à cet égard, mais il faut tenir compte des deux droits civils formés successivement.

La loi Cincia, comme le S. C. Macédonien, donne une exception pour prouver qu'elle n'enlève pas au donateur le droit de s'obliger ; le but de la loi n'est pas, nous le savons, d'annuler la donation, mais seulement d'en rendre la perfection plus difficile.

II. *Le but de la loi Cincia n'est pas le triomphe de l'équité.* — Le but de la loi Cincia est de forcer le donateur à réfléchir avant de faire une donation, et de s'assurer de la maturité de sa détermination : aussi la présomption est que cette détermination n'est ni assez complète, ni assez sûre avant le dessaisissement absolu qui peut n'être pas sérieux.

On peut répondre à l'*exceptio legis Cinciæ,* par une *replicatio doli mali : replicatio* qui serait inutile si l'exception était basée sur l'équité.

L'exception de dol n'est pas sous-entendue ici comme elle l'est généralement dans les actions de bonne foi, car l'action du donataire sera toujours *stricti juris* ou réelle.

III. *L'exception absout le défendeur.* — La donation *contra Cinciam* est imparfaite, elle doit donc l'être pour le tout, car le donateur n'a pas eu la volonté de la faire.

Ceci peut servir à expliquer un texte du Digeste appliqué à l'insinuation, mais écrit pour la loi Cincia. (*C'est la loi 5, liv. 44, tit. IV, Paul.*)

Nous retrouverons ce texte dans nos développements ultérieurs, nous ne nous y arrêtons pas actuellement.

IV. *L'exception de la loi Cincia est perpétuelle.* — La donation par voie de promesse exécutée par erreur peut être répétée.

V. *L'exception legis Cinciæ est popularis.* — Dire que cette exception est populaire, c'est, croyons-nous, qu'elle appartient à tout intéressé. Il y avait eu pourtant de grandes discussions entre les Sabiniens et les Proculiens au sujet de ce caractère de *popularis* donné à la loi Cincia. Cette controverse enlève donc à M. Laferrière un argument pour prétendre que la seconde disposition était d'ordre public. Quoi qu'il en soit, les Proculiens eurent le dessus, et les Sabiniens eux-mêmes, Javolenus le premier, admirent ce caractère de *popularis* de la loi Cincia. (*Loi 24, liv. 39, tit. V.*)

Fidejussori ejus qui donationis causa pecuniam supra modum legis promisit, exceptio dari debet etiam invito reo ne si forte reus solvendo non fuerit pecuniam fidejussor amittat.

« Au fidéjusseur de celui qui a promis de l'argent à titre de donation au-delà de la limite de la loi, l'exception doit être donnée même malgré le donateur, pour que le fidéjusseur ne soit pas exposé à perdre son argent si le débiteur devenait insolvable. »

Dans ce texte, on suppose une donation par voie de promesse *supra modum ;* un fidéjusseur a garanti cette promesse, le donataire poursuit le fidéjusseur. Javolenus admet que celui-ci pourra opposer l'exception, alors même que le donateur aurait l'intention d'y renoncer et ne voudrait pas l'opposer, en vertu du principe que le fidéjusseur jouit de toutes les exceptions *rei cohærentes* appartenant au *reus principalis*. Et le motif qu'en donne Javolenus est l'insolvabilité du débiteur. Le tiers qui aura garanti une donation, soit en constituant un gage en donnant une hypothéque, soit en faisant un pacte de *constitut* ou une *expromissio* aura l'exception..

Si nous supposons que le donateur est resté en possession de la chose et qu'il la donne et la livre une seconde fois à un tiers, le second donataire pourra opposer l'exception *Cinciæ*, car il est au nombre des personnes intéressées.

Nous donnerons aussi l'exception à l'héritier à moins que le donateur ne soit mort dans les mêmes sentiments, auquel cas, comme nous le verrons en étudiant la règle *morte Cincia removetur*, la donation est parfaite.

VI. *Elle est transmissible aux héritiers, sauf le principe morte Cincia removetur.*

Nam semper (dit le § 266 n° 4) *exceptione Cinciæ uti potuit non solum ipse, sed et heres ejus nisi forte durante voluntate decessit donator : tunc enim doli replicationem locum habere imperator noster rescripsit in hæc verba.*

«Non-seulement le donateur peut se défendre par l'*exceptio Cinciæ*, mais aussi son héritier à moins que le donateur ne soit mort dans les mêmes intentions, car alors notre empereur a décidé en ces termes qu'il y aurait lieu à la réplique de dol. »

Le donataire poursuit l'héritier, celui-ci lui oppose l'*exceptio legis Cinciæ*, exception qui peut être repoussée par la réplique de dol si le donateur a persévéré dans la même volonté jusqu'à son décès.

C'est la décision que nous trouvons dans un rescrit dont Ulpien ne nous donne pas le nom; il est de Caracalla ou d'Alexandre Sévère.

Papinien, au § 294, donne la même décision à l'égard de la transmission de l'exception aux héritiers et de son impuissance devant la persévérance de la volonté du donateur jusqu'à son décès. C'est donc la confirmation de la doctrine antérieure. La mort du donateur *in eadem voluntate* éteint donc l'*exceptio legis Cinciæ*, à plus forte raison l'action qui serait nécessaire pour répéter la donation. Il faut, pour que ce principe s'applique, que la donation soit *cæpta*, la simple promesse ne pourrait être validée par la mort du donateur. Ici nous trouvons une objection au principe, que l'exception est perpétuelle. Ulpien, qui pose ce principe, nous dit en effet que la mort du donateur éteint cette exception. Il y a donc contradiction, et l'exception n'est pas perpétuelle. Mais il n'en est rien cependant, car toute action comme l'action *furti*, ou toute exception comme celle qui nous occupe, qui sont susceptibles de s'éteindre par la mort du donateur, sont cependant dites perpétuelles.

Mais ne faut-il pas assimiler la *donatio imperfecta* à la *donatio mortis causa*.

Nous trouvons un texte au Frag. du Vatican § 259 dont voici l'hypothèse et qui nous donne en même temps un exemple d'une duplique qui pouvait se présenter :

Une femme, sans l'autorisation de son tuteur, avait donné entre vifs à un Latin un immeuble stipendiaire avec tous ses accessoires, la donation se trouve parfaite pour le fonds et pour les autres objets *nec mancipi*; mais, en ce qui concerne les esclaves et les animaux *quæ collo vel dorso domantur*, ils n'ont pas pu être usucapés. Si pourtant la femme n'a pas changé de volonté le Latin aura la *duplicatio doli*. En effet, de ce que la loi Cincia se trouve écartée par la mort de la donatrice, il ne s'ensuit pas que le Latin recueille *mortis causa* ce qui lui a été donné à un autre titre. On voit qu'il ne faut pas assimiler la *donatio imperfecta* à la *donatio mortis causa*. L'intérêt est que, si c'était une *donatio mortis causa*, comme elle fut en tout assimilée au legs, il aurait fallu avoir le *jus capiendi* pour la recueillir. Or, comme le Latin ne l'avait pas, il n'aurait pu recueillir la donation : aussi voit-on Papinien penser bien nettement qu'il ne s'agit pas d'une donation *mortis causa*. Il faut lire dans le texte *aliter* et non *alteri*, car la mort du donataire écarte l'application de la loi Cincia, les contractants ont entendu qu'il y avait donation entre vifs. La donation *mortis causa* ne peut se parfaire du vivant du donateur tandis qu'ici elle peut se parfaire par usucapion.

Il nous reste à parler de trois sortes de donation.

1° Donation par voie de délégation ;

2° Donation par remise de dette ;

3° Donation par cession de créance.

Donation par voie de délégation.

La délégation opérant novation *ipso jure* ne laisse pas de ressources au donateur. Déléguer, c'est donner à un créancier un autre débiteur par stipulation.

De telles donations sont parfaites car le droit est immédiatement acquis au donataire.

Nous rencontrons ici deux textes d'une grande difficulté : Un de Paul, *liv. 44, tit. 4. loi 5, § 5, D.*, et la loi 21, § 1, liv. 39, tit. 5 de Celsus.

La même explication peut être donnée pour les deux textes. Comme le premier est compliqué d'une difficulté étrangère à notre sujet, nous ne parlerons que du second, (loi 21 de Celsus), qui est composé de deux parties, la seconde apparemment interpolée par Justinien.

Sed si debitorem meum tibi donationis causa promit-

*tere jussi, an summoveris donationis immodicæ exceptione
nec ne tractabitur? Et meus quidem debitor exceptione te
agentem repellere non potest, quia perinde sum quasi
exactam a debitore meo summam tibi donaverim et tu
illam credideris.*

« Si je donne à mon débiteur l'ordre de vous faire une
promesse à titre de donation, est-ce que vous devez être
repoussé par une exception de donation immodérée? Il
faut dire que mon débiteur est dépourvu d'exception pour
repousser votre action parce que je suis censé vous avoir
donné une somme reçue de mon débiteur auquel vous
l'avez rendue à titre de prêt. »

J'ai un débiteur, pour faire une donation, je le délègue
à un tiers. Ce délégué pourra-t-il opposer au délégataire
l'*exceptio legis Cinciæ?* Si j'avais promis directement,
j'aurais cette exception ; mais mon débiteur délégué ne
l'aura pas, car il faut décider comme si ayant été payé
j'avais fait une dation à titre de donation au délégataire qui
l'aurait rendue au délégué à titre de *mutuum.* Pour que le
délégué pût opposer l'exception il faudrait que sa dette ne
fût pas inexistante *ipso jure.*

Ce texte, a-t-on dit, ne permet pas de reconnaître à l'exception *legis Cinciæ* le caractère de populaire que nous lui
avons attribué ; mais on voit que, dans le cas qui nous occupe, le délégué n'a aucun intérêt à opposer l'exception
puisqu'il est obligé, et que, dans tous les cas, il doit payer.
Par conséquent, l'argument tombe de lui-même et, qui
plus est, ici le donateur est incapable d'opposer l'exception,
à plus forte raison le délégué.

Quant à la seconde partie de ce texte, Justinien l'a considérablement modifié, et il semble contredire complète-
ment tout ce que nous venons de dire.

Sed ego, si quidem pecuniæ a debitore meo nondum

— 41 —

solutæ sint, habeo adversus debitorem meum rescisoriam in id quod supra legis modum tibi promisit, ita ut in reliquum tantummodo tibi maneat obligatus ; sin autem pecunias a debitore meo exegisti in hoc quod legis modum excedit, habeo contra te condictionem.

« Mais, si le délégué n'a pas encore payé, j'aurai contre lui une action rescisoire dans la mesure de ce qu'il a promis au delà du taux légal, de telle sorte qu'il ne reste obligé envers vous que pour le reste ; mais, si vous vous êtes déjà fait payer par mon débiteur, j'aurai contre vous la *condictio* dans la mesure de ce qui excède le taux légal. »

On distingue, d'après ce texte, si le délégué n'a pas payé ou s'il a payé.

S'il a payé, le donateur a action pour ce qui dépasse le taux légal. S'il n'a pas payé, il reprend sa créance par voie d'action rescisoire pour ce qui dépasse le taux légal.

Mais la loi Cincia ne donnait pas d'action, elle validait une action inefficace en droit commun. Le texte semble pourtant dire le contraire. Et nous savons que l'exception *legis Cinciæ* annule la donation pour le tout et non pas seulement pour le surplus du *modus*. Il faut forcément admettre que Justinien a fait une interpolation pour mettre ce texte en harmonie avec sa théorie de l'*insinuation*.

La délégation est considérée comme un double paiement : l'un au délégataire par le déléguant, l'autre au déléguant par le délégué. Or, de même qu'un paiement véritable, fait pas erreur, permet à celui qui l'a fait d'intenter la *condictio indebiti*, de même sera-t-elle accordée au donateur qui, au moment où il a fait la promesse, a cru être dans la limite de la loi Cincia.

Si le délégué n'a pas encore payé, *Celsus* donne une action rescisoire contre lui, et non contre le donataire, car l'action directe contre le donataire aboutirait à délier le délégué, mais n'engagerait pas de nouveau le délégué envers le déléguant.

Sous Justinien, comme nous le verrons, le texte s'applique à une donation dépassant 500 *solidi* non insinuée, donc réductible à cette somme. Quant à la loi 5 de Paul, on doit donner la même explication, mais Justinien ne fait pas de différence entre ce qui excède le *modus* et ce qui ne l'excède pas, l'interpolation n'est pas aussi bien dissimulée.

Donation par remise de la dette.

La remise de la dette peut se faire soit par *acceptilatio,* soit par simple pacte.

Par *acceptilatio* la remise est parfaite, la dette est éteinte *ipso jure,* le créancier a perdu tous ses droits.

Le simple pacte, au contraire, laisse subsister le droit du créancier : si donc la donation est faite *contra Cinciam,* le créancier pourra ne pas l'exécuter. (Loi 1, § 1er, liv. 20, tit. VI, Papinien.)

Cum venditor, numerata sibi parte pretii, prædium quod venierat pignori accepisset ac postea residuum pretium emptori, litteris ad eum missis, donasset, eoque defuncto donationem quibusdam modis inutilem esse constabat : jure pignoris fiscum frustra petere prædium, qui successerat in locum venditoris apparuit. Cujus pignoris solutum esse pactum prima voluntate donationis constabat quoniam inutilem pecuniæ donationem lex facit, cui non est locus in pignore liberando.

« Un vendeur, après avoir accepté la numération partielle de son prix, avait reçu une hypothèque pour le surplus sur le fonds vendu, puis par une lettre adressée à l'acheteur, il lui avait fait donation de l'excédant du prix ; après sa mort il était reconnu que la donation était inefficace pour certaines raisons. Il paraît que le fisc qui succéda à ce vendeur ne put exercer le droit de gage sur ce fonds. Il était évident que la première volonté du vendeur avait éteint ce contrat de gage, puisque la loi qui rend inefficace une donation de biens ne s'applique pas aux renonciations aux gages. »

Ainsi l'hypothèse est celle-ci : vente d'un immeuble, paiement d'une portion du prix, l'abandon de la propriété se présume donc, et est remplacée par une hypothèque; puis, si l'on suppose que par lettre le vendeur fasse remise de la dette pour le surplus, cette remise constitue un pacte *de non petendo*, il se repent, cela résulte évidemment des mots *prima voluntate donationis;* il meurt, le fisc lui succède, et il élève deux prétentions : celle d'exercer l'action en paiement qui appartenait au vendeur, et celle d'exercer l'hypothèque. Le jurisconsulte autorise l'action en paiement, mais non l'action hypothécaire. Evidemment ce texte ne peut s'entendre que d'une donation *contra Cinciam*.

La remise de la dette par simple pacte ne se parfait en règle générale que par le décès du donateur dans la même volonté; mais toutefois, s'il n'avait qu'une action temporaire, elle pourrait se parfaire avant, mais ce cas est très-rare.

Donation par cession de créance.

A l'époque de la loi Cincia, cette donation n'était pas possible, car on ne pouvait agir en justice pour autrui. A l'origine, la *procuratio in rem suam* en tant que mandat était révocable au gré du cédant, jusqu'au paiement ou à la *litis contestatio*, et elle ne se transmettait ni contre l'héritier, ni à l'héritier; la dénonciation au cédé pour les cessions à titre onéreux empêchait la révocation, mais elle ne fut pas étendue aux cessions *à titre gratuit.*

La loi Cincia, comme nous l'avons dit, avait une particularité qui la fit appeler par les interprètes *lex imperfecta*, elle ne prononçait pas même pour l'excédant la nullité de la donation dépassant le taux légal. (Rég. d'Ulpien, 1, § 1). *Prohibet exceptis quibusdam cognatis et si plus donatum sit non rescindit.*

C'est là une opinion que nous n'admettons pas, et pour nous la loi Cincia est une loi parfaite, bien que n'ayant pas de sanction.

Disons quelques mots des donations qui échappent à la sanction de la loi Cincia.

Ce sont :

Les donations rémunératoires, les donations faites pour récompenser un service non appréciable en argent. (Loi 34, § 1, liv. 39, tit. V.)

Les donations faites à une cité (Loi 19, pr. 39, 5.)

La donation d'interêt (loi 23, pr. liv. 39, 5), mais cette dispense ne s'étend pas aux autres revenus (loi 9, § 1, 39, 5), car l'argent n'était pas regardé comme un produit naturel.

DE L'INSINUATION

HISTORIQUE

La loi Cincia, telle que nous venons de l'étudier, tomba en désuétude; il est difficile de préciser exactement l'époque où cette loi cessa d'être en vigueur. Toujours est-il que, vers la moitié du deuxième siècle, on voit apparaître une théorie nouvelle: celle de l'insinuation (1).

Y eut-il une loi spéciale rendue à l'effet de remplacer les anciennes formalités par d'autres? On n'en trouve pas; mais cette abolition tacite se comprend sans difficulté. Nous savons, en effet, que la mancipation ayant disparu, elle ne pouvait subsister en matière de donation. Il est vrai cependant que, bien longtemps après que la mancipation fût tombée en désuétude, on conserva dans les actes de donation des formules n'ayant de sens que par rapport à la mancipation. Mais Justinien abolit ces formules (2). *Verba superflua quæ in donationibus poni solebant, scil sestertis*

( ) Novel, 162.
(2) L. 37, C. (viii-54).

nummis unius assium quator pœnitus esse rejicienda censemus.

Une seule formalité était exigée, l'insinuation. Etait-ce donc une formalité nouvelle ? Non, on la trouve déjà usitée dans l'ancien droit sans pour cela qu'elle fût obligatoire.

L'empereur Constance Chlore (1) exigea qu'elle fût faite pour toutes les donations à peine de nullité. Elle fut ensuite restreinte aux donations importantes.

C'est un édit de l'an 316, édit dû à Constantin, qui, le premier, mentionne la nécessité de l'insinuation ; mais il en parle comme d'une chose déjà connue.

La loi I, au *code Théod.*, déjà citée, rendue en l'an 319 par Constantin, attribue à l'empereur Constance Chlore l'introduction de l'insinuation. Cet empereur avait dispensé de cette formalité les *personæ exceptæ* de l'ancien droit. Constantin abolit cette dispense et soumit tout le monde à la nécessité de cette formalité. Plusieurs lois confirment ce principe sans donner de nouveaux détails (2).

Plus tard, en 428, on apporte des restrictions au principe de l'utilité de l'insinuation, les donations *ante nuptias* inférieures à 200 *solidi* en sont dispensées.

En 529, Justinien dispensa de l'insinuation toutes les donations jusqu'à la somme de 300 *solidi* (3), puis en 531 jusqu'à la somme de 500 *solidi* (4).

C'est cette dernière disposition qui nous donne l'état de la législation à cette époque, aussi est-ce dans ce dernier état que nous devons étudier cette institution.

---

(1) L. 1, C. Theod., *de Sponsal.* (III-1).
(2) L. 3-5-6-8, C. Theod. (III-5).
(3) L. 34 prin. C. (VIII-54),
(4) L. 36, § 3, C. (VIII-54).

Nous diviserons l'étude de cette matière en quatre chapitres :

Chapitre I. — Ce que c'est que l'insinuation, son but, devant qui doit-elle être faite.

Chapitre II. — Quels sont les actes soumis à l'insinuation.

Chapitre III. — Effets du défaut d'insinuation.

Chapitre IV. — Quelles donations sont dispensées de l'insinuation.

CHAPITRE I

Définition de l'insinuation. — Son but. — Devant qui doit-elle être faite.

L'insinuation, quand elle est rendue nécessaire, selon les règles que nous examinerons plus tard, consiste en une copie authentique de l'acte de donation accompagnée d'un protocole judiciaire dressé sur la déclaration du donateur devant le magistrat supérieur ou le juge local.

Plusieurs auteurs, et entre autres M. de Savigny, ont soutenu que l'insinuation, comme la loi Cincia, n'avait pour but que de provoquer le donateur à la réflexion et qu'elle ne faisait qu'apporter une restriction aux donations excessives ; qu'elle n'a été édictée que dans l'intérêt du donateur et de ses héritiers, et, pour soutenir cette thèse, M. de Savigny place la formalité de l'insinuation à côté de la prohibition entre époux.

Pour notre compte, tout en partageant cette opinion d'une manière pleine et entière, nous croyons cependant que le législateur poursuivait en même temps un autre but. C'est ce qu'il nous faut rechercher.

Il est certain que l'introduction de cette formalité n'a pas été étrangère à des préoccupations fiscales ; mais c'est là une idée accessoire qui, à elle seule, n'eût pas suffi pour que le législateur se fût montré aussi rigoureux.

Dans l'ancien droit nous savons que la propriété se transmettait de différentes manières suivant qu'il s'agissait de choses soit *mancipi* soit *nec mancipi*. Pour les choses *mancipi*, c'était la mancipation, vente solennelle qui s'accomplissait *per æs et libram*, avec des paroles et des gestes consacrés en présence d'un libripens et de cinq témoins. Pour les choses *nec mancipi*, on employait la tradition ou remise immédiate de la chose. Et enfin, l'*in jure cessio* servait indistinctement soit pour les choses *mancipi*, soit pour les choses *nec mancipi*. Elle consistait en un procès fictif dans lequel l'acquéreur revendiquait la chose comme sienne, le vendeur ne contredisant pas, le magistrat *addicebat*.

Ces formes parlaient aux yeux et étaient bien faites pour frapper l'imagination des Romains ; elles avertissaient les parties contractantes de l'importance de l'acte qu'elles allaient accomplir. Les tiers eux-mêmes étaient prévenus dans une certaine mesure du changement qui s'opérait ainsi dans la fortune et la situation respective dés parties.

Le peuple romain passait sa vie au forum et, à une époque où les transactions étaient inconnues des tiers par suite de l'absence totale de commerce, ces formes étaient certes bien suffisantes pour prévenir les tiers.

Nous croyons qu'il ne faut pas assimiler l'insinuation à ces formalités de l'ancien droit qui, sans protéger les tiers, frappaient cependant leur imagination. Le législateur avait à se préoccuper de l'intérêt des tiers et à ne consulter que les premiers textes qui traitent de cette matière, cette préoccupation apparaît claire, évidente pour tous.

C'est pour rendre les donations publiques qu'on les a soumises à l'insinuation ; le mode même employé pour faire l'insinuation le prouve. Tous les intéressés pourront consulter les registres où se font les insinuations et connaître ainsi les changements survenus dans les fortunes.

La plus ancienne constitution où nous apercevons la nécessité de l'insinuation est celle de l'an 316. Cette constitution nous est parvenue dans trois rédactions différentes (1). C'est un Édit adressé au préfet de la ville, Maxime. Dans le préambule l'empereur se plaint de l'incurie et des irrégularités qui président aux donations et qui causent des procès nombreux. Pour remédier à cet état de chose, voici ce qu'il dit :

Lorsque la donation est faite par écrit, il faut qu'avec les conventions, l'acte contienne le nom du donateur et la désignation de la chose donnée, car ces solennités ne peuvent avoir lieu tacitement et à part ; mais doivent être écrites sur du papier ou tout autre genre de matières par le donateur lui-même ou par d'autres, dans les cas où les lois l'exigent, elles doivent être insinuées chez les juges ou magistrats compétents.

On voit bien que l'empereur avait l'intention de rendre la donation publique, et de sauvegarder ainsi l'intérêt des tiers.

Cela ne doit pas nous surprendre, car déjà depuis long-temps on s'efforçait de rendre les changements de fortune aussi publics que possible.

Nous savons, en effet, que Servius Tullius, en établissant le cens, avait obligé chaque citoyen à présenter un mémoire détaillé de ses biens ; le cens devait être renouvelé tous les

---

(1) Frag. Vat., 249. — Code Théod., L. 1 (viii-12). — Code Just., L. 25 (viii-54).

4

cinq ans, car dans ce laps de temps il peut survenir des modifications considérables dans la fortune des citoyens.

Plus tard le cens fut modifié, mais nous n'avons pas à nous occuper de ces différentes modifications.

Les registres du cens étaient donc des rôles d'imposition, cela est de la nature même de cette institution ; mais, tout en servant à connaître la fortune du citoyen, nous croyons qu'ils servaient aussi de moyen de crédit, de garantie, de stabilité. Cet état de choses dura tant que les relations avec les peuples voisins furent peu étendues ; mais quand Rome fut devenue maîtresse du monde entier, la propriété reçut une extension considérable, le cens dès lors ne fut plus suffisant ; aussi disparut-il et ce mode de publicité fut remplacé par les registres domestiques qui, on le sait, étaient tenus avec une rigueur scrupuleuse, et qui servaient en justice. Cicéron ne nous dit-il pas que Verrès n'avait même pas de registres. Ces registres contribuèrent beaucoup à la sécurité des transactions. Quand ces modes eurent disparu, on vit apparaître l'insinuation. La succession évidente de ces différents régimes n'est-elle pas, à elle seule, une preuve que l'insinuation était exigée pour rendre la donation publique ?

L'insinuation ayant pour but de prévenir les tiers, acheteurs, vendeurs ou prêteurs du changement survenu dans la fortune, soit du donateur, soit du donataire, doit être faite de telle sorte que ces tiers puissent facilement exercer le contrôle qui leur est nécessaire. Aussi l'acte insinué doit-il contenir le nom du donateur, celui du donataire et la désignation exacte de l'objet donné. Mais cela ne suffit pas, il faut en outre que l'insinuation ait lieu devant un magistrat compétent et qui donnera par son concours l'authenticité dont cet acte a besoin.

A l'origine l'insinuation n'étant pas obligatoire, le législateur n'avait pas éprouvé le besoin de désigner ni le lieu où l'insinuation devait être faite, ni le magistrat devant qui elle devait l'être. Aussi voyons-nous tout d'abord que l'insinuation peut être faite devant toute personne ayant la capacité nécessaire pour donner l'authenticité aux actes. Le choix dépendait donc du donateur, car c'était lui, croyons-nous, qui était chargé de faire faire l'insinuation. Aussi à mesure que cette institution prit de l'importance reconnut-on le danger d'un tel système. Nous trouvons plusieurs textes ayant tous trait à la compétence du magistrat, un seul, un texte d'Anastase, apporte des restrictions aux donations faites à Constantinople.

Constantin (1), après avoir dit que les donations doivent être insinuées, ajoute : « qu'il entend que cette formalité soit observée surtout dans les donations faites entre personnes liées par la parenté, car un parent, par des fraudes clandestines et domestiques, peut facilement trouver une occasion d'extorquer une donation ou de révoquer celle qui a été faite légitimement, c'est pourquoi la loi n'exceptant ni les enfants ni les pères de l'obligation de l'insinuation la confirme par celle-ci, en ordonnant que tous les parents généralement soient tenus de l'insinuation dans tous les cas où les lois l'exigent. Il est permis de célébrer les donations en tout autre lieu que celui où la chose est située. »

Voilà la législation, voyons les modifications que d'autres textes y ont apportées.

L'empereur Léon (2), le premier, décida qu'à Constantinople l'insinuation ne pourrait se faire que devant le *magister census.*

---

(1) L. 27, C. (viii-54).
(2) L. 30, C. (viii-54).

« Que les donations célébrées dans cette ville en quelque lieu que soient situées les choses qui en forment l'objet soient insinuées auprès du maitre du cens, quant à celles célébrées dans les autres villes que le donateur ait la libre faculté, soit que la ville où la donation a été célébrée soit la résidence d'un gouverneur de province ou non, soit qu'un magistrat ou seulement un défenseur de la ville y réside, de faire insinuer la donation auprès du gouverneur d'une province quelconque ou du magistrat ou du défenseur de la ville qu'il lui plaira de choisir et cela en quel lieu que soient situées les choses données; car de même que la donation consiste toute dans la volonté du donateur, de même il doit être permis à ce dernier de faire insinuer sa donation auprès du magistrat que bon lui semble. Que donc les donations qui ont été faites dans les diverses provinces et villes insinuées auprès d'un des magistrats désignés ci-dessus soient bonnes et valables et obtiennent leur plein effet. »

Anastase (1) nous dit :

« Conformément à la constitution de l'empereur Léon, nous ordonnons que les donations faites et célébrées dans cette capitale (Constantinople) ne puissent être insinuées que chez le noble maitre du cens. Nous ne voulons en aucune manière qu'on les insinue auprès des défenseurs ou magistrats d'autres villes ni en d'autres lieux que cette capitale, et nous faisons savoir à ceux qui s'aviseront de faire insinuer de pareilles donations ailleurs, ainsi qu'aux magistrats incompétents qui accueilleraient une pareille démarche et aux notaires qui l'appuieraient de leur témoignage, qu'entre d'autres peines rigoureuses, ils seront condamnés à l'amende de vingt livres d'or. »

---

(1) L. 32, C. (viii-54).

Justinien, dans sa novelle XV, chap. 3, déclare que le magistrat compétent sera le *defensor plebis.*

· Le rôle du magistrat compétent était des plus simples, il devait donner une attestation d'authenticité, il ne peut refuser de ratifier l'acte si ce n'est lorsqu'il s'aperçoit que l'acte est illégal, alors et alors seulement il peut refuser de donner son concours à l'acte.

Il nous reste, avant de terminer ce chapitre, à rechercher si l'insinuation était la seule formalité exigée ; on a parlé et on parle encore de la présence des témoins rendue nécessaire pour la validité de la donation par l'édit de Constantin qui nous est parvenu dans les Frag. du Vatican (1), édit de 316 que nous avons analysé plus haut d'après le Code de Justinien et qui y forme la loi 25.

Avant de résoudre cette question, nous allons essayer de bien établir l'état de la législation à cet égard sous Justinien, puisque c'est à cette époque que nous nous sommes placés pour étudier l'insinuation.

Nous avons déjà parlé de l'édit de Constantin et l'on sait que la donation devait être faite par écrit. Environ un siècle plus tard la rédaction écrite des donations fut regardée comme chose indifférente, cela est attesté par la loi (29 C. VIII 54) de l'an 428. Cette loi de Théodose et Valentinien porte :

« Il a été admis qu'une donation faite en faveur d'étrangers et même d'inconnus est valable. — Elle est également valable quoiqu'elle ne soit pas faite par écrit si, d'ailleurs, elle a revêtu toutes les solennités exigées par la loi. *Sine scripto donatum quid fuerit adhibitis aliis idoneis documentis, hoc quod geritur comprobatur.* »

---

(1) Frag. Vat., 249.

On ne peut voir là une dérogation à l'édit de Constantin ; mais les empereurs voulaient déclarer que l'écrit était une mesure de prudence.

Dans l'édit de Constantin rapporté aux fragments du Vatican on trouve ces mots : *Tabulæ itaque quodcumque... scientibus plurimis prescribantur.*

Le code Théodosien où ces mots se trouvent fut promulgué par le même empereur Valentinien dix ans après la loi 29... Aussi attacha-t-on plus tard une grande importance à la présence des témoins dans les actes de donation et à un tel point que Zénon (1) crut nécessaire de dire que l'insinuation judiciaire dispenserait d'appeler des témoins pour la tradition. *Non esse necessarium vicinos vel alios testes adhibere.*

Ainsi jusqu'à cette époque la présence des témoins est jugée nécessaire.

Qu'a fait Justinien ? A-t-il maintenu cet état de choses ou l'a-t-il modifié ?

Il est certain qu'il l'a complétement modifié : en effet, il rapporte l'édit de Constantin et, nous l'avons vu, il lui a fait subir des changements considérables puisqu'il ne reproduit pas ces mots *scientibus plurimis*. — On peut conclure de là qu'il peut être nécessaire qu'il y ait un acte écrit; mais, quant aux témoins, il ne peut en être question, car il aurait reproduit cette formalité comme il l'a fait pour l'acte écrit... Du reste, en dehors de ce texte, les déclarations de Justinien sont formelles car, quand il traite des donations, il n'exige que l'insinuation.

Mais, malgré l'évidence de cet état de la législation à cette époque, on a dit, entre autres arguments, que, malgré les

---

(1) L. 31, C. (viii-54.)

changements apportés par Justinien, la présence des témoins était nécessaire. Et on se fonde sur ces mots de l'édit de Théodose et Valentinien *adhibitis aliis idoneis documentis* qui doivent être traduits ainsi : pourvu qu'en matière de donation on eût employé les autres *documenta* ou formalités connues, entre autres, la présence des témoins. Mais personne n'ignore que le sens de *documentum* est preuve. Et de plus l'édit qui a réglementé cette matière est l'édit de Constantin. Justinien, en le reproduisant, a retranché ce qui regardait les témoins, donc il faut en conclure que de son temps la présence des témoins n'était pas nécessaire, l'insinuation seule était exigée.

CHAPITRE II

Quels sont les actes soumis à l'insinuation?

Nous avons vu (1) que la dernière loi sur ce sujet, qui est celle de Justinien, de l'an 531, soumet à l'insinuation les donations jusqu'à la somme de 500 *solidi*.

On peut ainsi résumer cette loi.

Toute donation dont la valeur excède 500 *solidi* est soumise à l'insinuation judiciaire.

C'est donc seulement de l'insinuation des donations dont nous allons nous occuper dans cette étude.

Il y a trois propositions dans cette loi.

I. Dabord, on nous dit toute donation; aussi aurons

---

(1) Voir *supra*, historique.

nous à rechercher quel acte constitue une donation.

II. Dont la valeur excède 500 *solidi*. Aussi nous faudra-t-il déterminer la valeur du *solidus* et celle de la donation, pour pouvoir comparer et savoir quelle donation doit être insinuée.

III. Il nous faudra rechercher les personnes qui peuvent demander l'insinuation.

Nous diviserons donc ce chapitre en trois sections :

Section première. — Quel acte constitue une donation ?

Section seconde. — Quelles donations doivent être insinuées ?

Section troisième. — Quelles personnes peuvent exiger l'insinuation ?

SECTION I

Quel acte constitue une donation ?

Nous avons déjà défini la donation, mais cette définition a besoin d'être complétée.

On peut définir la donation un acte par lequel une personne (donateur) se dépouille gratuitement au profit d'une autre personne (donataire).

Une donation, comme nous l'avons déjà dit (1), consiste en toute espèce d'avantage procuré d'une personne à une autre à titre de libéralité, et après avoir ainsi défini la donation nous avons énuméré les divers cas dans lesquels il peut y avoir donation, nous n'y revenons pas.

Examinons maintenant les conditions requises pour qu'il y ait donation, et quand nous trouverons ces caractères

---

(1) Voir *supra*, introduction.

réunis, nous pourrons dire, il y a donation; donation soumise à l'insinuation, si elle dépasse le taux légal, 500 *solidi*.

Pour qu'il y ait donation, il faut :

I. Un acte juridique.

II. Un acte entre vifs.

III. Enrichissement pour une partie de tout ce que l'autre perd.

IV. Désir de la part de cette personne d'enrichir l'autre.

Toutes les fois que ces quatre conditions ne seront pas réunies, nous ne pourrons voir une donation dans l'acte qui nous sera soumis.

Si l'on se montre aussi rigoureux pour tracer les limites des donations, c'est qu'outre les restrictions qui avaient été très-bien définies par la loi Cincia, et la possibilité de révoquer les donations dans des cas spéciaux, les donations avaient été défendues entre époux, et c'est pour exécuter cette prohibition, que les jurisconsultes romains se sont montrés si sévères toutes les fois qu'il s'agissait de libéralités.

Avant d'analyser les divers éléments de la donation que nous avons énumérés, il faut bien nous fixer sur le sens du mot donation.

L'élément essentiel d'une donation est, du côté du donateur, une volonté désintéressée que l'on nomme *beneficium*, *liberalitas*. Toute donation est une libéralité, mais toute libéralité n'est pas une donation, car souvent on emploie ce mot pour désigner un service rendu, un acte de générosité.

Du côté du donataire, l'élément essentiel de la donation est un bénéfice obtenu.

La réunion de ces deux éléments dans un même acte juridique forme ce que l'on appelle donation.

Le mot *donatio* était pris dans différents sens qu'il importe de bien préciser.

I. Dans un sens large on appelait *donatio* toute espèce de libéralité sans s'inquiéter des règles de droit.

II. Dans un sens étroit, le mot *donatio* se rapportait à l'application rigoureuse des règles des donations.

C'est dans ce dernier sens que tous les jurisconsultes traitent des donations, car c'est cette acception étroite qui force à rechercher les règles des donations, et surtout la nécessité de l'insinuation.

Reprenons notre énumération dont chacune des parties fera le sujet d'un paragraphe spécial.

§ 1. — Acte juridique.

Nous avons d'abord signalé un acte juridique, c'est-à-dire un acte positif. Ce qui veut dire qu'une simple omission, à moins cependant qu'elle ne cache un acte réel, ne peut valoir comme donation.

En principe, on ne peut pas admettre l'existence d'une pareille donation, car il est impossible de lui appliquer les formalités de la mancipation et de l'insinuation, qui occupent une si grande place en matière de donations.

Cependant il y a des cas où l'omission devient une donation véritable, ces cas sont au nombre de deux.

I. Lorsque l'omission cache un acte positif qui valide la donation.

II. Lorsqu'elle procure à elle seule un bénéfice immanquable, on la considère alors comme une donation d'argent indirecte et déguisée.

Nous allons faire ressortir par des exemples l'application de ces principes.

Le premier cas se rapporte à la prohibition des donations entre époux.

Un mari a un droit de servitude sur un immeuble appartenant à sa femme, il laisse la servitude s'éteindre par le non usage ; la femme est enrichie, car le mari n'avait qu'à exercer la servitude pour l'empêcher de s'éteindre. Si on assimilait cette omission à un acte juridique, elle serait nulle, car elle constituerait une véritable donation entre époux, donation prohibée.

Mais il n'en était pas ainsi, la servitude est éteinte, mais le mari conserve une *condictio* (1) pour se faire rembourser le préjudice éprouvé par l'extinction de la servitude. La loi 5, § 6, contient les mots *post divortium*, mais c'est purement énonciatif, car le droit existe pendant le mariage.

Un débiteur insolvable laisse volontairement éteindre une servitude, le propriétaire a obtenu la libération, il n'y a pas de doute. Mais les créanciers conservent le droit que leur confère l'action Paulienne (2). C'est l'application du principe général, que l'extinction des servitudes par le non usage équivaut à une aliénation (3). *Eum quoque alienare dicitur qui non utendo amisit servitutes.*

Mais une question plus complexe et plus difficile à résoudre est celle de savoir si, lorsqu'un propriétaire a laissé accomplir une usucapion qu'il pouvait empêcher, il y a donation.

Et d'abord voyons s'il y a aliénation.

Un mari ne peut aliéner les immeubles dotaux de sa femme, et, s'il les aliène, il fait un acte nul, voilà le principe.

Supposons donc qu'un immeuble dotal de la femme menace ruine. Un voisin, justement alarmé de l'état de décrépitude de cet immeuble, demande au mari de fournir caution ; le mari refuse, le voisin sera envoyé en possession,

---

(1) L. 5. § 6 (xxiv-1).
(2) L. 3, § 1 ; L. 4 (xlii-8), *quæ infraudem.*
(3) L. 28, pr. de V.-S.

et si le mari persiste dans son refus, le préteur donnera la possession au voisin, qui, au moyen de l'usucapion, arrivera à la propriété quiritaire. Mais la prohibition faite au mari d'aliéner l'immeuble de sa femme paraît mettre obstacle à cette usucapion, car il serait bien facile pour le mari d'éluder cette prohibition en refusant énergiquement cette caution.

Cependant une loi (1) dit expressément que le voisin devient propriétaire, *quia hæc alienatio non est voluntaria*, c'est-à-dire que l'aliénation ne résulte pas d'un acte positif du mari ; car l'aliénation est volontaire puisqu'il pourrait donner caution.

Une autre hypothèse dans laquelle on doit donner la même solution est la suivante :

Dans l'ancien droit, une femme se constitue en dot, par la mancipation, un domaine qui lui appartient mais qui est possédé par un tiers, ce qui était permis, le mari peut et même doit revendiquer le fonds au tiers possesseur.

Supposons que le mari ne revendique pas, le tiers usucape, il devient propriétaire *ex jure quiritium*. Le mari doit compte à sa femme de cette négligence à moins que le temps écoulé entre la mancipation et l'usucapion n'ait été trop court pour permettre au mari de revendiquer le domaine.

On peut dire que la prohibition de l'aliénation des biens de la femme faite au mari entraîne avec elle l'impossibilité de perdre le bien par l'usucapion.

Il faut, en effet, remarquer qu'il s'agit ici d'une usucapion commencée avant la constitution de dot et qu'il n'y a pas plus dans cette hypothèse que dans la précédente acte posi-

---

(1) L. 1. pr. *de fundo dotale.*

tif de la part du mari, ce qui ne se présenterait pas si le mari avait aliéné directement la propriété, car la tradition faite par le mari ne permettrait pas au tiers d'usucaper.

Ainsi nous pouvons dire que l'ignorance du droit, lorsqu'elle est la cause de son non exercice, fait encourir une déchéance, mais n'aboutit pas à une aliénation. Et la loi 28, pr. *de Verborum signif.* le prouve, on lit, en effet, en tête de cette loi : *Alienationis verbum etiam usucapionem continet, vix est enim ut non videatur alienare qui patitur usucapi.* On doit sous-entendre quand lui-même a donné lieu à l'usucapion, seul cas où ce texte puisse s'appliquer.

Quant à la question de savoir si le mari fait une donation, et une donation prohibée, lorsqu'il laisse sa femme devenir propriétaire d'un de ses biens par l'usucapion; cette question reste pleine et entière.

Pour bien comprendre l'hypothèse que nous allons étudier, il faut supposer qu'un tiers était en possession d'un bien du mari, et que ce tiers vient à livrer ou à donner ce bien à la femme.

Ainsi reprenons notre hypothèse. Le mari est propriétaire d'un fonds quelconque dont il n'a pas la possession; le tiers possesseur vend ou donne ce fonds à la femme du propriétaire. Ce dernier peut revendiquer utilement le fonds entre les mains de sa femme. Mais il ne le fait pas. Y a-t-il donation ?

Si extraneus (1) *rem viri ignorans ejus esse ignoranti uxori ac ne viro quidem sciente eam suam esse donaverit mulier recte eam usu capiet.*

Pour bien résoudre cette hypothèse, il faut distinguer plusieurs cas.

______

(1) L. 44, *inter vir. et uxor.* (XXIV, t. 1).

I. Aucune des parties ne connaît la propriété du mari.

II. Le mari seul connaît son droit de propriété, mais il ne revendique pas.

III. La femme seule découvre la propriété du mari.

IV. Le mari et la femme connaissent l'un et l'autre leur position respective.

Nous allons successivement étudier chacune de ces hypothèses.

I. Ni le mari ni la femme ne connaissent leur position.

Pas de doute dans ce cas, il ne peut être question de donation.

II. Le mari seul connaît son droit de propriété, mais il ne revendique pas.

Il n'y a pas de donation dans ce cas, et la raison en est simple. Pour qu'il y ait donation, il faut le consentement du donataire. Mais cet argument est loin d'être décisif, car la donation peut résulter d'un contrat unilatéral, c'est-à-dire qu'un acte émané du donateur seul suffit, dans bien des cas, pour constituer une donation.

Mais nous croyons cependant qu'il ne faut pas voir ici une donation tombant sous la prohibition des donations entre époux.

Car si l'on admet qu'il y ait donation, on peut l'entendre de deux manières : ou la donation est directe, alors l'usucapion n'aura pas lieu ; ou la donation est indirecte, et alors l'usucapion produira ses effets habituels.

Quant à la donation directe, on ne peut sérieusement soutenir qu'elle se fait ici. En effet, supposons que la donation se fasse par voie de mancipation, la mancipation est regardée comme non avenue, l'inaction du mari ne peut dès lors avoir plus d'effet que n'en aurait un acte dont il s'est abstenu. Le mari pouvait revendiquer; mais la revendication n'interrompt pas l'usucapion, ce qui est bien différent dans le cas de servitude où une simple action intentée eût immédiatement empêché la servitude de s'éteindre, et la revendication, si elle est fondée, fera revenir la propriété au mari. Or, le défaut de revendication ne peut faire plus que n'aurait fait la revendication.

Quant à la donation indirecte, on ne peut davantage la voir ici. Il ne faut pas raisonner par analogie avec la servitude éteinte par le non usage, car ce qui a amené la perte de la servitude, c'est simplement le défaut d'agir. Dans le cas de revendication, il peut en être autrement car le droit du propriétaire peut très-bien être méconnu soit par défaut de preuves ou autrement, la servitude peut s'éteindre par le seul défaut d'agir, l'usucapion au contraire peut être arrêtée indépendamment du défaut d'agir, par Ex, si la femme est dépossédée... L'inaction du mari n'est donc pas un abandon direct de son droit sur les biens, donc il n'y a pas de donation dans ce cas.

III. La femme seule connait la propriété du mari.

Il faut décider ici, comme nous l'avons fait dans la seconde hypothèse, qu'il n'y a pas de donation : nous ne pouvons voir en effet une donation là ou le donateur ignore complétement sa libéralité. Et de plus la femme qui connait la propriété du mari est de mauvaise foi, elle ne peut donc usucaper; mais ceci est étranger à la prohibition des donations entre époux.

IV. Reste donc notre quatrième hypothèse. Le mari et la femme connaissent l'un et l'autre leur position respective.

Ici nous trouvons une véritable donation tombant sous la prohibition des donations entre époux. On peut objecter la mauvaise foi de la femme et dire que l'usucapion est impossible; mais le propriétaire consent à cette usucapion, donc il y a donation de sa part. Il y a ici un acte positif du mari, acte caché, c'est vrai; mais qui n'en existe pas moins avec toutes ses conséquences, car le mari connaît la possession, son droit de propriété et, malgré cela, il ne revendique pas lorsqu'il le peut ; il fait donc une donation, les choses se passent comme si la femme avait remis la chose au mari et que celui-ci la lui ait immédiatement restituée à titre de don.

Les hypothèses que nous venons de parcourir s'appliquent aussi bien lorsque l'usucapion s'accomplit entre étrangers que dans le cas où elle s'accomplit entre époux. Et nous en trouvons une preuve dans les lois (21 §1 de adq. rer. dom. XLI-1) et L 46 rer. vindicat (VI-1).

Lorsqu'un étranger est en possession de ma chose et que je veux lui en transférer la propriété, je puis le faire sans acte extérieur, cette transmission s'opère au moyen d'un constitut possessoire, d'une *traditio brevi manu* (1). *Si rem meam possideas, et eam velim tuam esse, fit tua, quamvis possessio apud me non fuerit*, on peut dire comme le dit Ulpien (2), au cas d'une dette d'argent payée par mon débiteur à mon créancier, l'argent est supposé m'avoir été rendu par mon débiteur puis avoir été par moi remis à ce créancier.

Dans l'espèce du mari et de la femme, la femme est censée avoir remis la chose au mari qui la lui a immédiatement remise. Or, l'usucapion est interrompue par la remise de la chose, et si le mari la lui redonne, il faudra commencer l'*usucapio pro donato* ; mais elle ne le peut pas, parce que l'acte est nul, et qu'il n'y a pas de *justa causa*.

Nous ferons remarquer que ce motif vient confirmer ce que nous disions pour le troisième cas. La découverte, par le mari seul, de son droit de propriété n'interrompt pas la

---

(1) L. 21, § 1 (xLI, t. 1).
(2) Ulpien, L. 3, § 12 (xxIV-1.)

possession de la femme, et c'est cette interruption elle-même qui, dans notre dernière hypothèse, rend l'usucapion impossible.

Un cas peut encore se présenter où l'omission du mari semble constituer une donation. C'est lorsque le mari, créancier de sa femme, laisse prescrire sa créance.

Ici les textes nous manquent absolument, mais nous pouvons raisonner par analogie avec l'usucapion.

Dans la quatrième hypothèse nous avons décidé qu'il y avait donation, et la raison principale sur laquelle nous avons fondé notre solution, était qu'il y avait eu remise effective de la chose qui avait interrompu l'usucapion au profit de la femme. Or ici rien de semblable ne peut se présenter, une pareille circonstance est impossible. Et de plus, comme en matière d'usucapion l'action intentée peut très-bien ne pas réussir, aussi croyons-nous qu'on ne doit pas y voir une donation.

Mais, peut-on dire, quand un débiteur insolvable laisse prescrire une créance volontairement, ses créanciers peuvent exercer contre le débiteur libéré l'action Paulienne, de même que l'action Favienne. C'est donc qu'il y a aliénation volontaire. Or il doit en être de même dans votre hypothèse. Non, nous croyons qu'on ne peut pas raisonner par analogie, par la raison bien simple que le débiteur ou l'affranchi sont de mauvaise foi (1).

Nous ne considérons pas non plus comme constituant une donation le fait du titulaire d'un droit qui ne comparaît pas en justice pour se défendre, il n'y a pas en effet d'acte positif.

Mais il n'en est pas de même lorsqu'en justice le titulaire

____

(1) L. 3, § 1 (xlii-8. — L. 1, § 7 (xxxviii-5).

d'un droit se laisse condamner faute d'avoir opposé une exception à son adversaire, car c'est un moyen indirect de contracter une dette pour enrichir son adversaire. Dès lors il y a une donation, car il y a toujours acte positif de la part de celui qui, pouvant se défendre, ne l'a pas fait.

Un cas où l'existence de la donation n'est qu'apparente est celui où le mari, après avoir cautionné un tiers débiteur de sa femme, celle-ci laisse écouler deux ans sans agir en garantie, il y a libération de la caution. Mais y a-t-il donation ?

Il faut décider qu'il n'y a pas donation, car si le cautionnement n'enrichit pas le créancier, sa remise ne l'appauvrit pas et dès lors ne constitue pas une donation.

§ 2. — Acte entre vifs.

Les expressions entre vifs excluent tous actes pour cause de mort. C'est que dans de pareils actes le danger que l'on trouve dans les donations n'existe plus, il n'y a pas dépouillement immédiat des biens, il ne s'agit que de personnes qui doivent recueillir les biens du défunt. La faculté de choisir ces personnes n'offre aucun danger, celui qui dispose de ses biens ne donne pas volontairement ce qu'il pourrait volontairement retenir ; il donne tout. Aussi, si les dispositions à cause de mort ont été soumises à des restrictions, ce n'est pas dans le même but et pour le même motif que les donations. La loi Cincia ne s'est jamais appliquée à ces actes, et la prohibition faite entre époux n'existe pas ici. Quant à l'insinuation la question est controversée.

Voyons quels sont les actes auxquels nous appliquerons notre règle.

La succession *ab intestat* ne constitue pas une donation,

car toute donation suppose accroissement d'un patrimoine, diminution d'un autre. Or le défunt n'éprouvera pas de diminution dans son patrimoine, car il n'existera plus. C'est l'administration seule de ses biens qui passe de ses mains dans celles de l'héritier.

Il faut en outre, pour qu'il y ait donation, que le donateur enrichisse sciemment le donataire, or le testateur ne sait pas et ne peut savoir s'il enrichira son héritier, car il peut contracter des dettes, et les vicissitudes si fréquentes dans les fortunes peuvent réduire la sienne à néant.

Quant aux legs, quoiqu'assimilés aux *fidéicommis*, et bien qu'il y ait enrichissement certain du légataire, ils ne constituent pas une donation, car jamais les legs ne furent soumis aux règles rigoureuses des donations, malgré la définition donnée par Justinien lui-même, *est quædam donatio a defuncto relicta.*

La *mortis causa capio* ne peut jamais être considérée comme une donation, pas plus que l'affranchissement testamentaire, car il n'y a pas pour l'esclave une acquisition pouvant s'évaluer en argent.

§ 3. — Le donataire doit s'enrichir.

On peut décomposer cet élément en deux parties bien distinctes :

1° Il faut qu'une portion de biens passe d'un patrimoine dans un autre.

2° Il faut que l'un des patrimoines soit augmenté dans la même proportion que l'autre est diminué.

I. Quant au premier élément, il se rencontre dans bien des actes, sans que pour cela il y ait donation.

Ainsi dans une vente à juste prix, le bien passe d'un

patrimoine dans l'autre, sans que l'un soit appauvri, ni l'autre enrichi.

Ce premier élément constitue une véritable aliénation. Donc, puisqu'il est indispensable dans toute donation, nous pouvons dire que toute donation doit contenir une aliénation. Et s'il en est ainsi, nous pouvons trouver des rapports intimes entre les donations et différentes actions, par exemple avec l'action Paulienne, avec l'action Favienne. La révocation que ces actions ont pour but d'obtenir s'applique en effet aux donations; il ne faut pas que le donataire se trouve enrichi, aux dépens des créanciers (1). La loi 5, au Code VII, 75, nous dit *et eum qui ex lucrativo titulo possidet*. Ainsi là où il n'y a pas aliénation véritable, il n'y a pas donation, quand même l'acte renfermerait une idée de bénéfice.

Nous allons passer en revue certaines hypothèses. Ainsi le mandat, le dépôt, bien qu'ayant pour but d'obliger le mandant, le déposant, ne constituent pas une donation. On ne peut en voir davantage, ni dans le commodat, ni dans le prêt gratuit d'une chose, le commodant, le prêteur, ne modifient en rien leurs patrimoines.

Si l'on renonce à une augmentation de richesse sans sacrifier ses droits, y a-t-il donation? Non, car dans ces cas on n'admet jamais ni l'action Paulienne, ni l'action Favienne. Nous savons en effet que ces actions ne peuvent être intentées lorsque le débiteur a simplement négligé de s'enrichir, car ce droit n'est pas dans le patrimoine du débiteur, les créanciers n'ont pu compter sur lui. Aussi quel que soit le désintéressement de l'un, l'enrichissement de

---

(1) L. 6, § 11; L. 25, *princ.* (XLII-8), *quæ in fraudem*; L. 7, 8, 9, Cod.; L. 5, c, *de revocandis quæ in fraud.* (VII-75).

l'autre, ne peut-on voir dans cet acte une donation, car il n'y a jamais aliénation.

Un héritier ou un légataire renonce à l'hérédité ou au legs pour en faire profiter un autre, il ne fait pas une donation. Du reste, dans ces cas, il ne peut être en aucune façon question de l'insinuation, pas plus que de la loi Cincia, car ça serait contraire à la liberté absolue laissée à l'héritier ou au légataire d'accepter ou de répudier. Cette renonciation était valable entre mari et femme (1).

Si une personne détermine le testateur à donner ou à léguer à une autre ce qui devait lui revenir, il n'y a pas non plus donation, ce serait permis entre époux (2).

Quod legaturus mihi aut hereditatis nomine relicturus es, potes rogatus a me uxori meæ relinquere et non videtur esse donatio, quia nihil ex bonis meis diminuitur.

Il n'y a pas non plus donation quand on néglige d'accomplir la condition mise, soit à une succession, soit à un legs, et que l'on fait ainsi profiter un tiers de la succession ou du legs (3). De même dans le cas de la loi 67 (4), il n'y a pas donation si un héritier institué déclare une succession suspecte pour faire arriver la succession au fidéicommissaire. Et cela bien que ce texte dise *donationiscausa.*

De même quand un créancier conditionnel empêche la condition de se réaliser, il n'y a pas donation (5).

Il n'y a pas donation lorsqu'on laisse périmer une *querela inofficiosi,* ou une action d'injure (6). Il n'en se-

---

(1) L. 5, § 13 (xxiv-1).
(2) L. 21, § 7 (xxiv, t. 11).
(3) L. 1, § 6, *si quid in fraud.* (xxxviii-5).
(4) L. 67, § 3, *Sc. Trebel.* (xxxvi-1).
(5) L. 6 § 1, *quæ in fraudem* (xiii-8).
(6) L. 1, § 7-8 (xxxviii, t. 1).

rait pas de même dans le cas où il s'agirait d'une revendication, car dans ce cas il y aurait aliénation; mais en n'intentant ni la *querela inofficiosi*, ni l'action pour injure, on néglige d'acquérir, mais on n'aliène pas.

Nous avons dit que le commodat ne constitue pas une donation. En principe cela est vrai, mais il y a des cas où il n'en est pas ainsi. Celui qui prête sa chose à un ami pour un certain temps ne s'appauvrit pas; il ne fait que se priver de l'usage de cette chose.

Mais prenons par exemple le commodat d'une maison, et c'est un véritable commodat (1), *etiam habitationem commodari posse.* (ait. *Vivianus*). Et la loi 10 (2) *si gratuitam tibi habitationem dedero an commodati agere possim?* (ait. *vivianus. posse*).

Or, il est impossible qu'un homme n'ait une habitation; partant il doit être ou propriétaire ou locataire. S'il est propriétaire, il habite sa maison ou il la loue; s'il est locataire, il paie un loyer. Si cet homme vient à abandonner une portion à un ami sans rien exiger de lui, dans les deux cas qu'il soit propriétaire ou qu'il soit locataire, il y a appauvrissement pour lui, car il perd ou une partie des loyers qu'il aurait le droit de percevoir, ou il paie une somme bien supérieure à la jouissance restreinte qui lui reste.

Dans les deux cas, il fait donc une donation. Le propriétaire sacrifie en effet une somme égale à celle que le commodataire économise, s'il y a inégalité, la donation ne vaut que pour la moindre somme.

De même que le commodat, le dépôt peut quelquefois constituer une donation.

____

(1) L. 1, § 1 (xiii, t. 6).
(2) L. 10, *prin.* (liv. xix, t. 15).

Quand un propriétaire concède gratuitement, pour y déposer des marchandises, un magasin qu'il loue ordinairement, il est évident qu'il y a donation, car il y a perte du côté du dépositaire, du prix qu'il perçoit habituellement, et profit pour le déposant d'une somme égale.

Il faut en dire autant du mandat. S'il s'agit de travaux mécaniques qui s'exécutent ordinairement pour de l'argent, ces travaux peuvent en effet s'évaluer en argent comme l'usage d'une maison.

S'il s'agit de la concession gratuite d'un bien rural, il y a évidemment donation, ordinairement en effet un fonds rural produit des fruits qui, en passant entre les mains du concessionnaire, l'enrichissent tout en appauvrissant d'autant le concédant; ce cas a beaucoup d'analogie avec l'abandon de l'usufruit qui constitue aussi une donation.

Mais que dire de l'usage d'une somme d'argent? Au premier abord il semble qu'il y ait donation, car celui qui abandonne cette somme perd son droit aux intérêts qu'elle peut produire. Mais il n'en est pas ainsi, la loi 23 pr., liv. XXXIX, 5, le dit expressément.

De même le prêt d'une somme d'argent sans stipulation d'intérêts ne vaut pas comme donation. C'est un service que rend le créancier, il ne se dépouille pas, car on doit lui rendre la somme, du moins il l'espère.

De même si on transforme une dette conditionnelle en une dette pure et simple, on ne peut voir là une donation.

Il y a donation au contraire quand un créancier abandonne à un tiers l'usage d'un capital placé déjà à intérêts.

Nous avons dit que l'affranchissement pour cause de

mort ne constituait pas une donation, mais *quid* de l'affranchissement entre vifs? Nous croyons que, dans ce cas, il faut sans hésiter dire qu'il n'y a pas donation. L'esclave, il est vrai, reçoit le plus grand bienfait dont son maître puisse le gratifier; mais ce n'est pas un droit aux biens, la propriété du maître est complétement anéantie, il ne transmet rien à l'affranchi, si ce n'est sa liberté.

L'émancipation a le même caractère que l'affranchissement, et ne doit pas être regardé comme une donation.

Quand y a-t-il enrichissement? On peut répondre d'une manière générale qu'il y a enrichissement, toutes les fois que la valeur totale du patrimoine se trouve augmentée.

Mais il peut y avoir des causes empêchant cet enrichissement. Ainsi payer une dette naturelle, ce n'est pas faire une donation.

Le possesseur de la chose d'autrui en la rendant au propriétaire ne fait pas une donation.

On peut, croyons-nous, formuler ainsi le principe:

La possession ne forme jamais la matière d'une donation véritable, car de sa nature la possession est un fait et non un droit.

Cautionner une dette même en faveur d'un débiteur insolvable ne peut être regardé comme une donation, pas plus que la remise par un débiteur insolvable d'un gage à son créancier. La remise du gage par le créancier ne constitue pas non plus une donation (1).

L'acceptilation d'une dette soumise à une exception n'est pas une donation, car on sanctionne un droit existant.

Si le donataire fait un sacrifice égal au gain qu'il reçoit,

---

(1) L. 1, § 1 (xx-6).

il n'y a pas enrichissement. Les actes de cette nature supposent des formes complexes incompatibles avec l'idée de donation.

Une personne qui paie ce qu'elle doit ne fait pas une donation, de même une promesse de donation, quand elle est exécutée, ne constitue pas une donation, c'est le paiement d'une dette.

Quand le droit acquis vient à périr et que l'enrichissement disparaît, il n'y a pas donation. L'acte qui, dans le principe, était une donation véritable, cesse de l'être, les suites de la donation sont donc arrêtées. Nous aurons plusieurs cas à distinguer :

1° Le droit peut périr purement et simplement.

2° Il peut se tranformer en un second droit qui vient remplacer le premier.

Quant à la perte du droit, elle peut arriver de plusieurs manières :

1° Soit par la volonté du donateur.

2° Soit par l'arrivée d'un cas fortuit.

3° Soit par la volonté du donataire. Nous coyons que ce n'est pas le moment de nous occuper ici de l'influence de la perte de la chose, sa place sera toute naturelle dans la section II.

Pour donner une idée complète des cas où il y a donation, il nous reste à examiner le dernier élément de la donation : l'intention chez le donateur d'enrichir le donataire, l'*animus donandi*.

§ 4. — Désir d'enrichir le donataire.

Le donateur doit avoir l'intention d'enrichir le donataire qui, lui, n'a pas toujours besoin de vouloir être enrichi.

Nous avons déjà signalé cette question (1) qui, avons-nous dit, donne lieu à vives controverses entre les auteurs. Le moment est venu, bien que ce point ne se rattache pas immédiatement à notre sujet, de le traiter avec quelques développements ; car nous croyons que, suivant que l'on admettra l'une ou l'autre solution, on sera obligé de voir une donation ou de refuser ce caractère à tout acte émanant du donateur seul. C'est en cela, croyons-nous, que la question présente un réel intérêt dans le cas qui nous occupe.

Il arrive souvent que le donataire ignore l'acte du donateur : ne connaissant pas l'acte qui le gratifie, il ne peut donner son consentement.

Ainsi dans le cas d'une dot constituée par un tiers à la femme, il y a donation. La libération d'un débiteur résultant, soit d'une déchéance encourue volontairement, soit d'un aveu judiciaire, constitue aussi une donation, le donataire peut ne pas connaître ces actes, et par suite ne pas donner son consentement. La donation ressort plus clairement dans le cas d'un paiement, d'une novation ou d'un cautionnement, quand la libération est faite dans un but de gratifier le débiteur.

Dans tous ces cas, le donataire peut avoir connaissance de la donation ; mais en droit cette circonstance est tout-à-fait indifférente, le consentement du donataire n'est en rien nécessaire pour la validité de l'acte.

Il arrive fréquemment que le donataire connaisse l'acte du donateur sans se douter le moins du monde que c'est une donation.

Une personne vend sa maison à un tiers, bien au-dessous de sa valeur, et cela en connaissance de cause, pour enri-

---

chir le donataire, il y a donation, l'acte est valable bien que le donataire ne se doute nullement du bénéfice qu'il réalise.

Malgré l'évidence de ces raisons, beaucoup d'auteurs soutiennent que l'acceptation du donataire est toujours nécessaire, ces auteurs envisagent la question sous deux points de vue. Y a-t-il eu acte positif? N'y a-t-il pas eu acte positif?

S'il y a eu acte positif, sans le consentement du donataire, l'acte est nul radicalement.

S'il n'y a pas eu acte positif, l'acte est valable en soi, mais nul comme donation.

Un individu paie la dette d'un tiers dans le but d'enrichir ce tiers.

D'après l'opinion que nous combattons, il faut le consentement de ce tiers, autrement l'acte serait nul, et ne vaudrait pas comme donation.

Le paiement, disent-ils, peut n'être pas valable, le débiteur ne serait donc pas libéré. Mais nous savons qu'il n'en est pas ainsi, et la loi 23 xlvi 3 *de solut.* nous dit : *Solutione inviti et ignorantes, liberari possumus.*

Mais, ajoutent-ils, l'acte peut être valable, mais nul comme donation, et dès lors, conséquence immédiate, serait permis entre époux.

Ce serait là, nous l'avouons, un moyen détourné fourni aux conjoints pour se faire des libéralités; la femme contracterait des dettes, le mari les paierait : l'acte serait valable. Du reste nous trouvons plusieurs lois (1) qui nous disent formellement que le paiement de la dette d'un époux,

---

(1) L. 7, § 7; L. 50 (xxiv-1); L. 5, § 4 (xxiv).

faite par son conjoint, rentre dans la prohibition générale.

Mais, quand la donation résulte d'un acte juridique, le consentement des parties est nécessaire pour la validité de l'acte, pour la tradition par exemple.

Dans un tel acte, il est évident qu'avant tout il faut le consentement du donateur, cela ne fait de doute pour personne, car sans ce consentement l'acte lui-même n'existerait pas, il manquerait de sa base nécessaire ; l'acte lui-même prouve que le donateur consent.

Mais pour le donataire, c'est bien différent; il est vrai que le consentement n'est soumis à aucune forme, il peut être exprès ou tacite, il s'induit des circonstances qui peuvent le faire supposer, le refus du donataire empêche seul la donation de se former. Tant que le donataire n'a pas accepté, le donateur peut révoquer ; mais, dès que l'acceptation a eu lieu, la donation est parfaite, le donateur ne peut plus la révoquer.

Ainsi, on le voit, en dehors de ces actes juridiques, il est certains actes qui constituent une donation, sans que pour cela le donataire ait donné son consentement à l'acte.

Mais bien différent serait le cas où la volonté de l'une des parties, ou de toutes les deux, reposerait sur une erreur.

L'erreur peut porter d'abord sur la personne. Je donne à Paul, croyant donner à Pierre, nul doute que j'aurai, pour des raisons particulières, voulu gratifier Pierre ; mais je n'avais nullement l'intention de gratifier Paul. Or que celui-ci ait accepté ou non, peu importe, il n'y a pas donation.

L'erreur peut être une erreur de fait. Croyant que l'on veut me prêter une somme d'argent, je l'accepte, et c'est une libéralité qu'on veut me faire.

Faut-il conclure de là que le donataire va être constitué tel sans son consentement? Nous ne le pensons pas.

Ulpien (1), dans ce texte, admet l'opinion de Julien, ils sont d'accord sur le point qui forme la base de l'argument que nous tirons de ce texte.

On suppose qu'une personne remet de l'argent à une autre pour lui faire une libéralité, la personne croit que cette somme d'argent lui a été prêtée et elle la reçoit comme une somme qu'elle devra rendre.

Julien est d'avis qu'il y a translation de propriété, car il y a consentement suffisant pour que la propriété soit transférée; mais il n'y a pas de donation, car la personne l'a reçue à titre de prêt, et le consentement était nécessaire parce que celui qui a reçu la somme voulait acquérir mais pas à titre de bienfait. On ne comprendrait pas, en effet, qu'une personne ainsi gratifiée pût être portée à la reconnaissance, car elle n'a pas consenti.

Ce texte nous paraît décisif; ce dernier point n'est pas discuté.

Ainsi nous croyons que l'on peut dire que, dans bien des cas, le consentement, ou plutôt le désir d'être enrichi, n'a pas besoin de se trouver chez le donataire.

Mais de la part du donateur il n'en est pas ainsi; sans cette intention, pas de donation.

Recherchons donc dans quels cas l'enrichissement existe sans le désir d'enrichir. Ou bien l'aliénation s'opère à l'insu des parties, ou bien les parties en ont connaissance; mais le but qu'elles se proposent n'est pas l'enrichissement de l'une d'elles.

____

(1) L. 18, liv. 12, tit. 1.

L'aliénation peut avoir lieu à l'insu des parties, par exemple, en cas d'usucapion, dans ce cas, quand l'usucapion se sera produite, il n'y aura pas donation.

Les parties peuvent connaître l'aliénation mais non l'enrichissement. Cela arrive quand une personne qui ne connaît pas la valeur de sa chose la vend pour un prix inférieur à sa valeur réelle; il y a pour elle un appauvrissement mais sans intention d'enrichir, donc pas de donation.

On ne peut voir une donation dans le paiement de l'indû que dans le cas où l'on paie sachant que l'on ne doit pas.

Il peut se faire que l'on s'appauvrisse sciemment sans pour cela vouloir faire une donation.

Une personne poursuivie et pressée par ses créanciers, vend, pour se libérer, un immeuble, mais elle le vend bien au-desssous de sa valeur, elle le sait; mais obligée par les circonstances elle ne fait nullement une donation.

Une personne abandonne en transigeant une partie de ses droits, elle s'appauvrit; mais cet appauvrissement ne constitue pas une donation, car le profit que l'autre partie retirera de cet abandon ne provient pas de la volonté de son adversaire, mais bien de la crainte où il était de perdre son procès s'il ne faisait cette concession.

Quand les créanciers font un accord avec leur débiteur, la question de savoir si cet accord constitue, oui ou non, une donation, dépendra des circonstances.

Mais nous supposons qu'un héritier testamentaire acquitte en totalité un legs ou un *fidéicommis* sans retenir la quarte *falcidie*. Y a-t-il donation?

Le résultat de cette détermination est évidemment d'enrichir celui qui recueille le legs ou le *fidéicommis*, de son côté ce dernier sait bien qu'il y a enrichissement pour lui, puisque l'héritier pouvait retenir la quarte.

On serait donc tenté d'y voir une donation; mais nous

croyons que cela est impossible, car c'est dans un sentiment de piété pour la mémoire du testateur, et pour sa volonté présumée, que l'héritier a agi ainsi, l'intention pieuse est toujours présumée (1).

Toutefois il ne faut pas croire que la donation soit incompatible avec toute intention autre que celle d'enrichir, il se peut très-bien que la bienfaisance ne soit pas le seul mobile qui ait fait agir le donateur. Un sentiment d'égoïsme, donner dans l'espoir d'obtenir un jour davantage, ou bien, donner pour récompenser un service signalé, ce sont là autant d'actes qui méritent le nom de donation, et qui sont soumis à toutes les règles positives de ces actes.

Mais tout le monde n'admet pas aussi facilement que nous que la donation rémunératoire soit une véritable donation.

Il y a à ce sujet deux opinions bien distinctes.

La première, que nous partageons, prétend qu'il y a donation pure et simple soumise à toutes les règles du droit positif.

La seconde opinion, que nous repoussons, prétend qu'il y a là un acte à titre onéreux.

Ce second système est inadmissible, car dire que la donation rémunératoire n'est pas une donation véritable, ce serait la permettre entre époux, et l'on éluderait ainsi ces prohibitions si sévères du droit. Que des conjoints en effet veuillent se faire des libéralités, qui ne dirait que c'est une donation rémunératoire ?

Nous croyons qu'on ne peut faire valoir un argument plus décisif en notre faveur.

Si l'on nie l'existence d'une donation, il faut admettre un

---

(1) L. 5, § 15 (xxiv-1).

datum ob causam ; dès lors, en cas d'erreur, il y a lieu à une *condictio*. Or, la *condictio* n'est pas accordée, donc il n'y a pas de dation *ob causam*. Nous ne pouvons dès lors y voir qu'une donation véritable qui sera soumise à l'insinuation.

Quand il s'agit de travaux mécaniques, que l'on rétribue ordinairement en argent, si ces travaux sont exécutés sans promesse de salaire, la question de savoir s'il y a ou non donation dépendra de l'intention du donateur que l'on devra dégager de l'acte lui-même.

SECTION II.

Quelles donations doivent être insinuées?

Nous croyons avoir fait connaître d'une manière assez complète les cas où il y a donation.

Nous allons maintenant étudier la question de savoir quelles sont les donations qui doivent être insinuées.

Toute donation supérieure à 500 *solidi*. Le *solid us*, suivant la pratique moderne est accepté, pour la somme de 10 fr., quoique du temps de Justinien il valût en réalité 12 fr. 50.

Déterminons maintenant la valeur de la donation.

Il est clair que, quand la chose donnée a une valeur présente, il n'y a pas de difficultés pour savoir si, oui ou non, elle doit être insinuée.

En ce qui touche la donation consistant dans le payement annuel d'une certaine somme on doutait chez les anciens, sur le point de savoir si, lorsque la prestation annuelle était inférieure à 500 solides, on devait considérer chaque prestation comme formant une donation indépendante affranchie de l'insinuation ou s'il fallait additionner toutes les prestations dont la réunion excédait 500 solides et exiger l'insinuation.

« Il y a à cet égard beaucoup de variété dans les opinions, dit Justinien (1); mais nous, voulant éclaircir ces doutes comme tous ceux qui se sont élevés dans la jurisprudence, nous ordonnons qu'une pareille donation, payable chaque année durant la vie du donateur ou du donataire, soit réputée en former plusieurs, et par conséquent, exempte d'insinuation. »

Ce texte, on le voit, est formel, et voici le motif qu'il donne à l'appui de sa décision.

« L'incertitude de la fortune nous a suggéré cette décision, car il est possible que le donateur, ou le donataire dont la vie forme le terme de la donation, n'en jouisse qu'une année ou même moins, quoiqu'il soit possible qu'il en jouisse plus longtemps. Dans le premier cas, il arriverait réellement que la donation n'aurait pas pour objet une somme qui exige l'insinuation. Il en est autrement lorsque le titre de donation porte qu'elle sera continuée par l'héritier du donateur à l'héritier du donataire après la mort de l'un ou de l'autre. En pareil cas la donation doit être considérée dans le capital et comme n'en formant qu'une et exiger en conséquence qu'elle soit insinuée sous peine de nullité. »

Dans le paragraphe 3 de la même loi on trouve :

« Si quelqu'un, à diverses époques, fait plusieurs donations à la même personne, dont chacune considérée séparément n'a pas pour objet une somme qui nécessite l'insinuation, quoique assemblées et réunies forment une somme qui exigerait cette solennité, nous ordonnons qu'elles soient

---

(1) L. 34, § 4 (viii-54), C.

considérées chacune séparément, que par conséquent l'insinuation ne soit pas exigée, et qu'elles obtiennent leur plein effet. Car nous ne voulons pas qu'il soit permis de les réunir et d'introduire par là un moyen de les casser et de les rendre nulles. »

« Les anciens jurisconsultes avaient beaucoup varié sur ce point de droit, les uns pensaient qu'on devait les considérer chacune séparément, d'autres qu'on devait les considérer toutes comme n'en formant qu'une seule. Quant à nous, nous avons choisi l'opinion la plus conforme à l'humanité, en décidant qu'elles soient considérées chacune séparément des autres. En conséquence, toutes valables, quoique non insinuées. Les donataires peuvent donc compter sur la validité de pareilles donations. »

D'après ces textes, on ne peut, croyons-nous, conserver aucun doute.

Si l'objet de la donation consiste dans la propriété d'une chose autre que de l'argent, on doit déterminer sa valeur juridiquement pour savoir si elle est soumise à l'insinuation.

Prenons des hypothèses.

I. Si nous supposons une personne donnant un objet dont elle n'a que la possession, nous ne pouvons évaluer le montant de la donation d'une manière exacte. Aussi faudra-t-il attendre l'arrivée de l'usucapion pour que l'estimation soit exacte. Quant aux fruits à venir de la chose donnée, on ne doit jamais en tenir compte.

II. Si la donation consiste en un usufruit, comment fixer la valeur de la donation ?

On peut employer plusieurs modes.

1. On pourrait attendre la mort de l'usufruitier, mais ce n'est pas là un moyen bien sûr.

2. On peut encore fixer la valeur de l'usufruit à la moitié

de la valeur de la pleine propriété, et on trouve des exemples dans plusieurs textes (1).

3. Le dernier mode qui est, croyons-nous, le meilleur est celui qui prend pour base la vie probable de l'usufruitier en raison de son âge (2).

III. Le donateur a promis une rente annuelle n'excédant pas 500 *solidi* par an.

Ou bien la rente est promise pour un certain nombre d'années, sa valeur se détermine par l'ensemble des paiements, pas de difficulté dans ce cas.

Mais quand la rente est promise pour un grand nombre d'années, et qu'on ne peut d'avance l'évaluer, dans ce cas les difficultés sont grandes, et les anciens jurisconsultes discutaient là dessus.

Justinien, dans la loi 34 C., a tranché la question, il prévoit plusieurs hypothèses.

I. La rente doit finir à la mort du donateur ou du donataire, pas d'insinuation. Chaque paiement forme une donation à part ; le motif qu'il en donne, c'est l'incertitude du terme de la vie.

II. Si les héritiers du donateur doivent continuer de payer la rente à ceux du donataire, l'insinuation est toujours exigée car la rente devient une rente perpétuelle.

Il en est de même, dit M. de Savigny, quand la rente doit finir à la mort de l'héritier immédiat du donataire, car, à cause de sa grande durée, on assimile la rente à une rente perpétuelle.

---

(1) L. 6, § 1, *De usuf.* (vii-1); L. 6, § 10, *Comm. divid.* (x-3); L. 16, 10, *Familiæ erciscundæ*, XII.
(2) L. 68 (xxxv-2).

Quand l'objet de la donation est une créance conditionnelle, on attend, pour savoir si l'on doit l'insinuer, l'arrivée
de la condition, ou on attend qu'elle ait fait défaut. Si le re-
couvrement est incertain, on se règle, par analogie de la
Falcidie, sur la valeur vénale (1).

La remise d'une dette constitue toujours une donation en
argent égale au montant de la dette, il en est ainsi, même
dans le cas d'insolvabilité du débiteur.

Nous savons que les éléments constitutifs de la donation
sont :

1° L'acte juridique. S'il n'y a pas d'acte juridique, il n'y
aura pas évidemment lieu à l'insinuation, puisqu'il n'y
aurait pas d'évaluation possible.

2° Un acte entre vifs. Si la donation a un effet immédiat,
on l'estime à sa valeur.

On peut se demander si les donations à cause de mort
sont soumises à l'insinuation.

C'est là une question très-controversée. Trois systèmes
se trouvent en présence.

Le premier décide que, dans tous les cas, les donations à
cause de mort doivent être insinuées.

Le second décide, au contraire, que jamais les donations à cause de mort ne doivent être soumises à l'insi-
sinuation.

Le troisième système distingue :

Le donateur veut-il employer la forme de la donation
entre vifs? Il le peut; mais il doit faire insinuer la donation.
Ou bien veut-il employer la forme codicillaire, il n'aura
besoin que de la présence des témoins. C'est là le système

---

(1) L. 82 (xxxv-2).

de l'illustre romaniste, M. de Savigny ; système qui rend compte de la pensée de Justinien qui n'a pas voulu faire de la donation à cause de mort un contrat *sui generis*.

Nous admettons, pour notre compte, que les donations à cause de mort ne sont pas soumises à l'insinuation.

3° Il faut qu'il y ait appauvrissement d'un côté.

Nous avons vu que le commodat ne formait pas une donation excepté dans le cas où le commodat s'applique à une habitation, cas où il y a donation. Or nous avons dit que le propriétaire sacrifie ordinairement une somme égale à celle que le commodataire économise. S'il y a inégalité, la donation ne vaut que pour la moindre somme. Nous allons expliquer cela par un exemple.

– Une habitation est louée ordinairement 800 *solidi*, et elle est concédée à un individu qui ordinairement ne peut mettre à son loyer que 500 *solidi*. Y a-t-il donation pour les 300 qui restent ? Non, car ces 300 servent à la jouissance du commodataire, mais ne l'enrichissent pas, donc pas de donation, partant pas d'insinuation.

Si au contraire une habitation de 500 *solidi* est concédée gratuitement à un individu qui dépense ordinairement 800 *solidi* pour son loyer, il y a donation des 500 *solidi* que sacrifie la propriétaire ; quant aux 300 *solidi* dont le commodataire fait l'économie il ne les doit pas à la munificence du propriétaire mais à une privation qu'il s'impose.

Une semblable donation sera-t-elle soumise à l'insinuation ? Elle le sera si la concession est faite pour un certain nombre d'années, car la donation peut se ramener à une somme déterminée qui, si elle est supérieure au taux légal, sera soumise à l'insinuation. Mais, à défaut de cette clause, la donation générale se résout en autant de donations particulières non soumises à l'insinuation.

Supposons que le donateur donne un bien produisant des fruits. Quelle sera l'influence des fruits à venir sur la donation ?

Prenons pour exemple la donation d'un bien rural.

Pour savoir si la donation est soumise à l'insinuation, on examinera seulement la valeur de l'immeuble ; si cette valeur est au-dessous de la fixation légale, la donation est valable sans insinuation, car il ne faut pas tenir compte de l'augmentation progressive qui peut résulter des fruits à venir.

De même que, si la valeur de l'immeuble excède la fixation légale, la donation est nulle pour l'excédant valable pour ce qui est compris dans le taux légal, mais valable après insinuation. Quant aux fruits, il n'y a pas lieu à répétition, car ce sont autant de petites donations successives non soumises à l'insinuation.

Ce que nous venons de dire pour un bien rural s'applique sans contestations à tout autre objet produisant des fruits : pour la laine, pour le croît des animaux.

Quand l'objet de la donation est une somme d'argent, la même question se représente pour les intérêts à venir produits par cette somme.

On ne peut pas dire qu'une donation inférieure à 500 *solidi* doive être considérée comme une donation importante, parce qu'avec les intérêts elle deviendra dans la suite supérieure à 500 *solidi*, elle n'est donc pas soumise à l'insinuation.

Si même une donation de 800 *solidi* a été faite sans insinuation, et que plus tard la donation soit annulée pour les 300 *solidi* excédant le taux légal, le donateur n'a pas le droit de réclamer les intérêts de cette somme.

4° Il faut enrichissement du donataire.

Nous avons dit qu'il n'y a pas enrichissement quand le droit acquis vient à périr et que l'enrichissement primitif vient à disparaître, ce principe demande quelques explications.

C'est surtout au sujet des donations entre époux que les Romains ont fait l'application des principes de cette matière. Mais ce que nous dirons des donations entre époux s'appliquera sans peine aux autres donations.

La perte du droit peut résulter, 1° de la volonté du donateur, 2° d'un événement fortuit, 3° de la volonté du donataire :

1° La perte du droit résulte de la volonté du donateur. Celui-ci n'a aucune réclamation à exercer contre le donataire. Dès l'origine il n'y a pas eu de donation véritable, ou bien s'il y a eu donation, elle cesse d'exister dès que le droit a péri.

2° Si le droit périt par cas fortuit, par exemple à la suite d'incendie, de vol ou d'une autre manière, la donation se trouve anéantie avec toutes ses conséquences (1). Mais elle a véritablement existé jusqu'à ce moment.

3° La perte peut résulter du fait volontaire du donataire. L'époux donataire possède sciemment la chose d'autrui, car il sait qu'une donation illicite ne peut transférer la propriété. Si donc l'époux donataire d'une somme d'argent la donne lui-même ou la dissipe au jeu, l'autre époux peut en réclamer la valeur au moyen d'une *condictio sine justa causa*, ou *injusta causa*. Il aurait la revendication si la chose existait en nature. Mais là où la chose a péri il faut observer qu'en général la *condictio* s'accorde, en cas de

----

(1) L. 28, *prin.* (xxiv-1).

dolus et non de *culpa* si l'époux donataire s'était laissé voler l'argent, il n'y aurait pas lieu à la *condictio*, car la perte résulte d'une *culpa*. Indépendamment de ces actions, le donateur aurait, si la chose avait été aliénée à dessein, l'*actio ad exhibendum* ou la *rei vendicatio ;* et l'action de la loi Aquilia, si la chose donnée qui est toujours restée la propriété du donateur a été détruite, endommagée, et cela non-seulement en cas de dol, mais même en cas de *culpa.*

Mais on peut objecter que tant que le donateur ne révoquait pas la donation, le donataire possédait avec son consentement ; si donc celui-ci détruisait ou aliénait la chose c'était avec le consentement du donateur et alors le dol se trouvait exclu, ainsi que l'application des actions que nous venons d'énumérer.

Aussi les anciens jurisconsultes discutaient-ils sur cette question et Julien (1) nous dit à la fin de ce texte, qu'après la séparation des époux cela n'était pas douteux.

Le décret du sénat de l'an 206 changea la législation. Le sénatus-consulte rendu sous les empereurs Septime Sévère et Antonin Caracalla apporta des adoucissements. Il déclare que pendant le mariage le droit de révocation appartient à l'époux donateur seul, que ce droit lui est personnel et qu'il ne passait pas à ses héritiers, et qu'une donation non révoquée du vivant du donateur devenait inattaquable. Ce sénatus-consulte parle de la consommation de la chose (2) en ce sens que, la chose consommée, le donateur n'a plus le droit de recourir contre le donataire.

---

(1) L. 37 (xxiv-1).
(2) L. 32 (xxiv-1).

Sous cette nouvelle législation voici ce qu'enseignaient les jurisconsultes.

Un des éléments essentiels d'une véritable donation c'est que le donataire ait été *locupletior*, entre époux il faut que le donataire soit encore *locupletior* au moment de la *litis contestatio*. Si donc avant cette époque la chose a péri ou a été donnée ou dissipée le donateur n'a aucune action (1).

Tel était le droit nouveau, c'est donc par inadvertance que les textes relatifs aux actions dont nous avons parlé ont été insérés, car ils sont en contradiction complète avec le sénatus-consulte.

Le droit conféré par la donation périt, mais est remplacé par un autre, le donataire continue de se trouver enrichi et le caractère de donation avec les règles de droit s'attachent au droit nouvellement acquis.

Si l'époux vend la chose donnée le prix de la vente remplace la chose, de même que, s'il emploie à une acquisition l'argent donné, cette acquisition continue à l'enrichir.

Si le donataire de 200 *solidi* les a employés à l'achat d'une chose valant 300 *solidi*, le donateur ne peut répéter que 200 *solidi* les seuls sortis de son patrimoine.

Si la chose achetée vient à périr la répétition est inadmissible soit que la perte résulte d'un cas fortuit ou de la volonté du donataire. Depuis le sénatus-consulte de l'an 206 la consommation dispense de la restitution.

Plusieurs jurisconsultes avaient pensé qu'après la seconde substitution la perte même arrivée par cas fortuit ne dis-

---

(1) L. 28 *prin.* (xxiv-1).

pensait pas le donataire de la restitution. Mais cette opinion a été rejetée (1).

C'est là une faveur accordée aux donations entre époux, car partout ailleurs on décidait qu'après la première acquisition le donataire était définitivement enrichi et cela quand même la chose achetée aurait péri par cas fortuit (2).

Appliquons ce principe à l'insinuation.

Quand la perte résulte de la volonté du donateur ou d'un événement fortuit, le donateur n'a rien à réclamer. Si donc 800 *solidi* ont été donnés sans insinuation et qu'ils soient enlevés au donataire par des voleurs le donateur n'a rien à réclamer.

Quand la chose a été consommée on doit faire une distinction.

S'il y a eu donation de 800 *solidi* sans insinuation, et que le donataire ait dissipé ces 800 *solidi*, le donateur peut répéter les 300 *solidi*, il peut pour cela choisir soit la *condictio* soit l'action *ad exhibendum*. Si une maison valant 2,000 *solidi* a été donnée sans insinuation et si le donataire l'a laissée incendier par imprudence et qu'il ne reste plus qu'un terrain de la valeur de 200 *solidi*, le donateur, en vertu de la loi Aquilia, aurait pu répéter 1500 *solidi* (3).

Si le donataire a échangé la chose, à défaut d'insinuation, il doit rendre la portion illégalement donnée dont il se trouve enrichi ; mais il ne doit rien pour la diminution résultant de l'échange. S'il a échangé une maison valant 2,000 *solidi* contre une maison n'en valant que 1,000, il est tenu de

---

(1) L. 19-20, *Ad leg. Aquil.* (IX-2).

(2) L. 29, *prin.* (XXIX-1).

(3) L. 17, *Quod metus causa*).

restituer 500, car, comme nous le dirons plus tard, la donation n'est nulle que pour l'excédant des 500 *solidi.*

L'intention d'enrichir dans les actes mixtes qui contien-nent à la fois vente et donation peut très-bien exister. Pour savoir si la donation est soumise à l'insinuation, il faut évaluer la donation en argent. Si la valeur dépasse 500 *solidi,* elle devra être insinuée ; si elle est inférieure à 500 *solidi* elle ne devra pas être insinuée.

Si la donation ne peut être évaluée en argent, il n'y a pas possibilité de la soumettre à l'insinuation.

SECTION III.

Quelles sont les personnes qui peuvent et doivent exiger l'insinuation.

Toute personne ayant intérêt peut exiger l'insinuation. En tête, il faut placer le donateur, car il faut mettre à sa disposition un moyen de rendre sa donation parfaite. En second lieu, le donataire, car il faut qu'il puisse se mettre à l'abri des révocations et du *jus pœnitendi* du dona-teur.

CHAPITRE III

Effets du défaut d'insinuation.

Quand une donation a été insinuée elle est *perfecta*. Nous avons successivement passé en revue les points suivants :

Quels actes sont soumis à l'insinuation ? Quelles donations y sont soumises ? Quelles étaient les personnes pouvant requérir cette insinuation ? Il nous reste à voir quelles sont les suites de ce défaut d'insinuation.

Et d'abord faudra-t-il appliquer les règles de la loi Cincia ?

Voyons rapidement les différences qui existent entre cette loi Cincia et l'insinuation.

Justinien n'exige, nous le savons, l'insinuation que pour les donations supérieures à 500 *solidi*.

L'omission de cette formalité emportait nullité seulement pour le surplus, donc le donateur qui n'a pas fait la tradition n'a pas besoin d'exception pour repousser la demande du donataire en tant que la donation dépasse 500 *solidi*.

En livrant la chose le donateur se met dans l'indivision avec le donataire, car celui-ci devient propriétaire pour une part équivalente à cette somme.

La donation ne constitue pas une *justa causa usucapiendi*.

Le décès du donateur ne confirme la donation en aucun cas.

Ce sont là autant de différences avec la loi Cincia. Il n'y a qu'une seule analogie, c'est en ce que l'inobservation soit de la loi Cincia, soit de l'insinuation, pouvait être invoquée non-seulement par le donateur mais par toute personne intéressée. En dehors de cette analogie nous croyons que l'on n'a jamais assimilé ces deux institutions, et que l'on a toujours appliqué au défaut d'insinuation le principe relatif aux donations entre époux.

L'acte non insinué est nul, nul radicalement, il est considéré comme n'ayant jamais été fait. Mais toutefois cette nullité ne frappait que la valeur excédant les 500 *solidi*: jusqu'à concurrence de cette somme la donation reste valable (1); pour le reste on appliquera le principe des donations entre époux.

Nous savons en effet que tout acte tendant à réaliser une donation entre époux était considéré comme non avenu et il y a là une nullité absolue (2).

Quand il y a eu un pareil acte, deux voies de droit se présentent pour le donateur, il a ou la revendication si l'objet existe en nature de sorte que la possession seule manque au donateur, ou la *condictio* si la chose est sortie des mains du donataire qui en détient la valeur (3).

Nous avons dit que le donateur en livrant la chose au donataire se met avec ce dernier dans l'indivision (4). Mais cette indivision, comme toute indivision, tend à un partage. En cas de contestation le juge appréciera.

Cette situation est prévue dans la loi 34.

Après avoir dit dans le § 1 que, si la donation consistait en choses mobilières ou immobilières ou se mouvant d'elle-

---

(1) L. 34 (viii-54).
(2) L. 3, § 10 (xxiv-1).
(3) L. 5, § 18 (xxiv-1).
(4) L. 34, § 2 (viii-54).

même, il faut qu'il en soit fait une estimation afin que, si elle n'a pas été insinuée, elle soit déclarée valable jusqu'à concurrence de la somme pour laquelle l'insinuation n'est pas nécessaire, et nulle pour l'excédant;

Le parag. 2 ajoute: «Pour éviter des contestations entre le donateur et le donataire, nous ordonnons que celui-ci ait le droit de conserver la chose et de donner à l'autre le restant de l'estimation qui a droit sur la plus grande partie de la chose donnée en sorte qu'il puisse posséder toute la chose en donnant à l'autre ce qui lui revient d'après l'estimation. S'il refuse cet accommodement il faut nécessairement que la chose soit partagée, et que chacun en obtienne la portion qui lui est due si toutefois la chose est susceptible de partage. Si celui qui, dans le cas où la chose ne peut se partager, a le droit de la conserver exclusivement en offrant à l'autre la valeur de sa portion sur cette même chose, ne veut point faire ce paiement, nous autorisons l'autre à la conserver en entier en offrant à son adversaire la valeur de la portion qu'il a sur la chose. »

Ainsi, on le voit, ce sont là des règles spéciales pour le défaut d'insinuation. Ce n'est nullement le principe de la loi Cincia qu'il faut appliquer, car Justinien a trop bien assimilé la donation pour laquelle l'insinuation n'aurait pas eu lieu aux donations entre époux. Appliquons-leur donc les règles relatives à ces dernières, c'est-à-dire prononçons la nullité pour la valeur excédant 500 *solidi*.

Si une donation soumise à l'insinuation s'effectue avec le concours de personnes étrangères, la nullité résultant du défaut d'insinuation s'étend-elle à l'acte passé avec ces personnes, en un mot quelle est l'influence du défaut d'insinuation relativement aux tiers?

Lorsque, pour faire sans insinuation une donation de 1,500 *solidi*, le donateur s'engage envers le créancier du donataire on délègue au donataire son propre débiteur, la nullité qui porte sur les 1,000 *solidi*, porte-t-elle aussi sur l'acte juridique nouveau, de telle sorte qu'on ne peut plus réclamer que 500 *solidi?* Ou bien l'acte subsiste-t-il et alors on peut réclamer 1,000 *solidi*, les 1,500 devant être payés ? Suivant que l'on admettra l'une ou l'autre solution, les résultats seront bien différents et surtout bien importants dans le cas où le débiteur devient insolvable peu après la délégation. Au premier abord les lois (5 § 5. LIV, 4, et le 21 § 1, XXXI, 5), paraissent avoir tranché la question, car ces textes décident qu'entre le donataire et le donateur d'une part et de l'autre entre le donataire et les tiers d'autre part *l'immodica donatio* n'a aucun effet. Mais ces textes ne tranchent pas la difficulté, car étant sous l'empire de la loi Cincia, il s'agit de savoir si on peut admettre une exception ; tandis que Justinien ayant décidé que les donations non insinuées seraient radicalement nulles pour l'excédant met ce vice de forme sur la même ligne que la prohibition entre époux.

Nous devons donc appliquer ces règles et regarder les textes cités comme des restes de l'ancien droit n'ayant rien à faire dans notre matière.

CHAPITRE IV.

Des donations dispensées d'insinuation.

Toute donation doit être insinuée, voilà le principe. Mais ce principe souffre des exceptions, ce sont ces exceptions qui formeront le dernier chapitre de notre étude.

On trouve des textes qui nous disent que certaines donations avaient été soit pour un motif soit pour un autre dispensés de l'insinuation, et cela quelle que fût leur valeur.

Et d'abord les donations faites par l'empereur à des personnes privées et réciproquement celles faites par des personnes privées à l'empereur, et celles faites pour des motifs de piété (1).

Après avoir ordonné l'insinuation pour les donations excédant 500 *solidi*, Justinien ajoute : *Exceptis donationibus tam imperialibus quam iis quæ in causas piissimas procedunt*, et le motif qu'il en donne, c'est que ces donations n'ont pas besoin d'être insinuées, car elles ont assez d'authenticité par elles seules.

Dans la loi 36 § 2, nous trouvons plusieurs exemples de donations dispensées de l'insinuation.

Si quis pro redemptione captivorum pecunias dederit, sive per cautionem dare promiserit neque repetitionem habere.

Simili (ajoute-t-il) *etiam modo a gestorum absolvimus ordinatione donationis rerum mobilium vel se moventium quas viri gloriosissimi magistri militum fortissimis præstat militibus.*

Eamdemque liberalitatem nostræ legis indulgemus etiam iis quorum domus incendio vel ruina corruptæ sunt, quibusdam forte pecunias cujuscumque quantitatis præbentibus.

Dans le princip. et parag. 5 on met le mot *pecunias*, ce qui a fait dire à un auteur allemand qu'on ne devait appliquer ces exemptions que dans les cas de donations de sommes d'argent. Mais cela ne peut être entendu ainsi. On

---

(1) L. 34, *prin:* (viii-54).

emploie le mot *pecunias*, car le plus ordinairement la donation aura lieu en une somme d'argent. Le but de ces lois est évidemment de déclarer la promesse exempte d'insinuation comme la tradition elle-même.

Enfin dans la loi 31 prin. C. 12, nous trouvons un autre cas où cette exemption existe.

La dot que la femme se constitue n'étant pas une donation est dispensée d'insinuation, mais celle qu'un tiers constitue étant une véritable donation doit être insinuée.

DROIT FRANÇAIS

DE LA TRANSCRIPTION

Des actes translatifs de la propriété des immeubles
au point de vue des personnes
qui peuvent invoquer le défaut de son accomplissement.

NOTIONS HISTORIQUES.

Nous venons de voir quel était l'état de la législation à l'époque de Justinien, en matière de donation. Plus tard l'insinuation reçut une plus grande extension, elle s'appliqua aux jugements qui devaient être insinués. C'était à partir de l'insinuation que les délais de procédure commençaient à courir, on l'exigea aussi pour les testaments.

Quand survint l'invasion des barbares, on obligea d'insinuer les ventes d'immeubles ruraux et urbains des curiales; on étendit plus tard l'insinuation aux ventes, aux mandats, aux adoptions et aux inventaires des biens des mineurs. L'insinuation devint de plus en plus un moyen de publicité pour assurer l'effet des transactions.

Ce système d'insinuation nous a été précieusement conservé et il a résisté aux solennités sacramentelles et au matérialisme du droit germanique qui, comme le droit romain à son origine, entourait les translations de propriété de formalités solennelles plus propres à frapper l'imagination des parties qu'à sauvegarder l'intérêt des tiers.

« Les formules de ces temps, dit M. Troplong (1), nous ont conservé la pantomime du gazon livré à l'acheteur de

---

(1) *Traité de la transcrip.*, n° 4.

la terre, celle de la branche d'arbre, du bâton, du couteau,
du glaive, remis entre les mains de l'acquéreur en présence des Rachimbourgs ou *boni homines*, témoins du passage de la possession d'une tête sur une autre et constatant
cette substitution effective d'un maître à un autre maître
réellement ensaisiné. Le gazon était le symbole de la terre,
la branche d'arbre le signe des produits qui ornent sa su-
perficie, le bâton, le couteau et le glaive, l'indice de la maî-
trise et de l'autorité du propriétaire qui a le droit de com-
mander et même de détruire. »

Chez les Germains, comme dans toute civilisation
naissante, il fallait frapper l'esprit des parties, car pour croire
au déplacement de la propriété il fallait un fait matériel,
la volonté seule ne pouvait suffire; mais on ne peut voir
dans l'accomplissement de ces formalités l'idée de sauvegarder l'intérêt des tiers.

Dans toute législation primitive, la tradition, on le voit, est
un fait inséparable de la transmission de la propriété; vint
le régime féodal qui donna à ces idées une force plus grande
et mieux organisée, on suivit dans notre ancienne jurisprudence les principes du droit romain sur la tradition.
Mais il n'en était pas partout ainsi, dans les coutumes du
nord on suivait d'autres règles. Dans ces provinces dites
coutumes de nantissement la transmission de la propriété
immobilière n'était parfaite qu'après l'accomplissement de
certaines formalités appelées de noms différents et qui se
ramènent à deux idées principales, investiture donnée par
l'autorité compétente, enregistrement de l'acte d'investiture
au greffe des juges qui l'avaient reçue ; de là le sens de *vest*
et *devest saisine* et *dessaisine, devoir de loi, mise de fait, main
assise* etc.

« Personne, dit l'art. I du chap. 94 des chartes générales
du Hainaut, ne pourra vendre, changer, donner, charger,

bailler à rente, ni en autre manière aliéner ses fiefs que par déshéritance par devant les seigneurs ou baillis et hommes de fief dont ils seront tenus. »

La souveraineté et le fief ne formaient plus qu'une seule et même chose, le seigneur rendait la justice, présidait aux mouvements que subissait la propriété, c'était de lui que l'on tenait la terre car il était, dans l'origine, propriétaire de tous les héritages situés dans l'étendue de sa souveraineté ; de là la maxime *nulle terre sans seigneur*. Et comme il était propriétaire, les vassaux étaient obligés de le faire intervenir pour qu'il donnât l'investiture au nouveau propriétaire.

Mais la renaissance du droit romain apporté en France par Vaccarius changea complétement l'état des choses et tout en minant le système féodal il introduisit dans la législation des principes nouveaux, principes qui n'étaient autres que ceux du droit romain appropries aux besoins du temps. Surtout quand la maxime *nulle terre sans seigneur* fut remplacée par celle «*ne prend saisine qui ne veut.*» on substitua à l'investiture faite par le seigneur une reconnaissance du contrat faite par les parties devant les officiers compétents, soit devant les officiers du seigneur dont les biens étaient mouvants, soit devant les juges royaux dans le ressort desquels les biens étaient situés.

« Les deux contractants, porte l'art. 204 de la coutume de Péronne, doivent comparaître devant le bailli ou lieutenant du lieu et *illic* déclarer en présence du greffier et des témoins le contrat qui aura été fait, d ont sera fait acte qui vaudra dessaisine et saisine sans autre solennité. » Et Dumoulin (1) fait allusion à cette dernière forme de l'investiture.

---

(1) Cout. de Paris, tit. 1, § 1, glos. 1, n° 10.

« En vente d'héritage, dit Jean des Mares, il faut et vest et devest combien que lettres en soient faites, car au vendeur demeure toujours la vraie saisine et possession jusques à tant qu'il en soit dessaisi en la main du seigneur foncier, il ne s'en peut dire l'acheteur saisi jusques à ce qu'il en soit saisi de fet par le seigneur foncier du lieu, se ainsi n'est qu'il en ait joy et usé par tel temps que il en ait acquis saisine et bonne possession et juste (1). »

Le vest et le devest était une formalité nécessaire pour acquérir la propriété, la mutation n'était parfaite qu'après l'accomplissement des formalités de dessaisine saisine ; le juge compétent devait prononcer les paroles solennelles : « Je vous saisis et mets en saisine de tel héritage sauf mon droit et l'autrui en toutes choses. » C'était donc là quelque chose de plus que la tradition du droit romain, il fallait une tradition solennelle. Mais le contrat, avant sa réalisation, n'était pas complétement nul entre les parties ; et l'acheteur avait une action pour se faire investir contre le vendeur.

« Celui, dit Bouteillier, qui vend sa tenure mais en retient encore la saisine par devers luy et n'en fait vest au vendeur (acheteur) sachez qu'il est encore sire de la chose mais toutefois il peut estre contraint à faire le vuerp et adhéritement de la chose si ce est tenure (2). » C'était un moyen pour l'acheteur d'obtenir cette tradition solennelle dont nous avons parlé.

Mais bien plus, comme le dit Merlin, c'était par rapport aux tiers que les formalités du nantissement étaient nécessaires pour faire arriver à l'acquéreur la propriété de l'immeuble.

---

(1) Décision de Jean des Mares, imprimé au 2 vol. du comment. de Brodeau, sur la cout. de Paris. N° 189 Cout. notoire, n° 121.

(2) *Somme rurale*, liv. I, chap. 67, page 397.

Ce qui dans le principe n'avait été qu'un moyen de frapper les esprits, devint un système protecteur pour les tiers, et le vest et le devest fut à l'égard des tiers le signe irrécusable du droit de propriété ; et ce qui prouve bien cette transformation c'est que l'ensaisinement par un officier public fut étendu aux alleux. Car dans l'intérêt de la propriété elle-même on sentait le besoin d'entourer de formes protectrices la transmission de la propriété.

Un placard de Charles V (1538, 10 février), et un de Philippe II, (du 6 décembre 1586), qui étendirent le bienfait de cette mesure à toutes les Flandres, furent motivés par l'intérêt d'empêcher les fraudes et stellionats. On peut encore citer un placard, (du 16 septembre 1673), de l'archiduc d'Autriche, applicable en France, qui ordonnait que toutes les aliénations de biens immeubles n'auraient d'effet de réalisation au profit des personnes tierces que si les dites aliénations avaient été enregistrées au livre des juges des lieux où tels biens étaient situés.

Ainsi il fallait, pour que les devoirs de loi fussent valables, qu'ils remplissent toutes les formalités requises, et de plus qu'ils fussent enregistrés au greffe des juges qui les avaient reçus, afin qu'on pût y recourir quand le besoin s'en faisait sentir ; c'était ce que prescrivaient les articles (119-120, Cout. de Vermandois; 177, Cout. de Reims; 145, Cout. d'Amiens).

Un arrêt du parlement de Paris (du 29 novembre 1599), rendu pour la Coutume de Vermandois, enjoignait aux juges et aux greffiers de faire un registre pour y inscrire les nantissements par ordre, et leur défendait de laisser les actes en feuilles à peine de répondre en leurs noms des dommages et intérêts des parties. Le registre était public, toutes les parties intéressées pouvaient en prendre connaissance. Ces formalités étaient exigées pour tous les actes établissant un droit réel : tels qu'une inféodation, un accensement, un bail emphytéotique ; car, c'est se dépouiller du domaine utile, et se priver des avantages de la propriété.

L'idée de la protection à accorder aux tiers n'était pas générale ; seuls, quelques pays du Nord l'admettaient. En Bretagne, la même idée existait, mais sous un nom différent et sous une autre forme. Ce qui dans les pays de nantissement s'appelait ensaisinement, s'appelait en Bretagne appropriance ou appropriement, l'art. 269 de la Coutume de Bretagne indique la forme qui était adoptée. Les formes consistaient dans trois publications ou bans que devait faire le nouveau possesseur, tant de son contrat que de sa prise de possession par trois dimanches consécutifs, après l'issue de la grand'-messe, en la paroisse où étaient situés les biens acquis. C'était mettre en demeure ceux qui prétendaient avoir un droit réel sur le bien, d'avoir à former opposition devant le juge qui devait faire l'acte d'appropriement, faute de quoi les droits réels de tous étaient éteints, l'acquéreur était approprié et la propriété purgée. (Art. 220 de la Coutume.)

Un édit de 1626 ajouta, entre autres formalités, celle de l'insinuation du contrat au greffe de la juridiction compétente.

L'appropriance différait donc du nantissement, en ce que le vest et le devest étaient un élément essentiel à la vente ; tandis que l'appropriance était une procédure postérieure à la vente. L'appropriance supposait, pour être utilement opérée, une possession réelle, tant de la part du vendeur, que de la part de l'acheteur ; on n'exigeait pas une prise de possession solennelle comme dans les pays de nantissement ; on se contentait d'une possession de fait. C'était un système de sécurité qui ne présentait un avantage qu'à ceux dont la possession tangible frappait les yeux de tous.

La Normandie eut aussi un système de lectures publiques pour mettre les acheteurs à l'abri des actions du retrait lignager.

La propriété avait secoué le joug féodal, la résistance était partie de Paris, et les Coutumes proclamèrent hautement que nul ne prend saisine qui ne veut. A part quelques pays, pays de nantissement, le vest et le devest étaient tombés en désuétude.

La jurisprudence n'eut qu'un but, secouer le joug de la féodalité, et se modeler sur le droit de Justinien. Elle y réussit ; mais ce succès fut loin d'être complet, car elle n'eut aucun souci des tiers qui n'étaient pas prévenus des changements de propriété. L'hypothèque était tenue aussi secrète que possible, le crédit privé n'était pas envisagé comme il l'a été depuis ; on voulait se débarrasser des formes gênantes de l'ancien droit, sans en retenir ce qui était utile. On se contenta des traditions feintes et même conventionnelles, l'acheteur devenait propriétaire saisi et investi du droit de revendication par un contrat de vente contenant la clause que le vendeur posséderait pour l'acheteur dès le jour du contrat. Cette clause, bien qu'inconnue des tiers, permettait à l'acheteur de revendiquer la chose contre tout le monde.

Certains auteurs s'efforcèrent d'obtenir pour la sûreté des tiers un acte notarié ; mais cela n'était pas suffisant, car les actes reçus par les notaires ne devaient être représentés qu'aux parties intéressées. De plus la majorité des auteurs reconnaissaient que la vente des immeubles pouvait se constater aussi bien par acte sous-seing privé que par acte authentique, et que le constitut possessoire pouvait être stipulé dans les deux cas. Certains auteurs se montraient difficiles sur la valeur de la clause de constitut. Ils faisaient tous leurs efforts pour qu'on n'attachât pas d'importance à la clause de saisine et dessaisine, par laquelle le vendeur déclarait se dessaisir dans les mains du notaire en faveur de l'acheteur qu'il déclarait vouloir saisir. C'était là l'opinion de Dumoulin. Mais Loysel nous dit : dessaisine et saisine faite en présence de notaires et de témoins équipolle à la tradition et délivrance de possession. C'était donc le contraire qui était admis.

On essaya de décider qu'entre deux traditions, l'une feinte, l'autre réelle, la seconde l'emporterait; mais cette idée ne persista pas sous l'influence du droit romain, et Pothier enseignait qu'une tradition opérée *solo consensu* était aussi parfaite à l'égard des tiers qu'une tradition réelle et matérielle.

Il ne faut pas voir du reste un système de publicité des droits réels dans la mesure prise par les rois de France, pour soumettre à l'enregistrement les actes de mutation de propriété; l'esprit qui avait dicté ces mesures est tout autre. Il est vrai que l'édit d'Henri III, du mois de juin 1581, contient des expressions qui peuvent induire en erreur; mais cet édit n'envisageait pas la publicité des droits réels, et ce qui le prouve, c'est que l'art. 8 porte : « Le contrôleur ne fera communication qu'à ceux qui y auront intérêt. » Le but apparent de cet édit était donc de prévenir les falsifications et antidates; au fond le véritable but était de créer de nouvelles charges et offices.

Colbert, comme on peut s'en convaincre en lisant le préambule de l'édit de 1673, voulut perfectionner par une disposition générale ce que quelques coutumes avaient essayé de faire par la voie des saisines et nantissements. Mais cette pensée n'eut pas de réalisation, et l'édit de 1673 ne s'occupa que du régime hypothécaire et de la purge des hypothèques.

Un édit de 1771 ne s'occupa aussi que de la purge des

hypothèques. Cet édit qui substitua les lettres de ratification aux décrets volontaires, avait abrogé par son art. 35 l'usage des saisines et nantissements pour acquérir l'hypothèque et préférence, dérogeant à cet effet à toutes les coutumes et usages à ce contraires.

Mais on n'avait pas reçu cet édit partout et le parlement de Flandre avait refusé de l'enregistrer ; du reste, cet édit ne s'occupait que des hypothèques, laissant complétement en dehors les actes d'aliénation; l'article 55 nous le prouve.

L'insinuation fut exigée pour les donations dès 1539, elle était exigée pour que les créanciers, les acquéreurs à titre onéreux, les donataires postérieurs et les légataires connussent la donation, afin de pouvoir se prévaloir du défaut d'insinuation.

La révolution arriva et avec elle la destruction complète du régime féodal. Jusque là il avait été battu en brèche, mais les institutions, du moins quelques-unes, avaient résisté aux efforts incessants de la jurisprudence. Tout change, les principes et les hommes; mais, malgré la haine que l'Assemblée constituante avait pour le régime passé, elle eut cependant la sagesse de savoir y puiser ce qui était bon et utile tout en éloignant ce qui était par trop féodal ; elle remplaça ce système incomplet du nantissement qui portait en lui le germe d'une institution profondément utilitaire au point de vue de la publicité à donner aux mutations de la propriété, par le système effectif de la publicité des mutations immobilières.

C'est dans la loi du 19 septembre 1790 qu'apparut pour la première fois la transcription. Voici comment cette loi s'exprime :

«A compter du jour où les tribunaux de district seront installés dans les pays de nantissement, les formalités de saisine,

dessaisine, déshéritance, vest, devest, reconnaissance éche-
vinale, mise de fait, main assise, plainte à la loi et généralement
toutes celles qui tiennent au nantissement féodal ou cen-
suel seront et demeureront abolies, et jusqu'à ce qu'il en
ait été autrement ordonné la transcription des grosses des
contrats d'aliénation ou d'hypothèque en tiendra lieu et suffira en conséquence pour consommer les aliénations et les
constitutions d'hypothèques. »

Les dites transcriptions seront faites par les greffiers des
tribunaux de district de la situation des biens selon l'ordre
dans lequel les grosses des contrats leur auront été présentées
et qui sera constaté par un registre spécial et les greffiers
seront tenus de communiquer ces registres sans frais aux
requérants. »

Cette disposition ne concernait que les seuls pays de nantissement qui n'auraient pu, à cause de leur attache-
ment aux formes coutumières, passer à un régime qui les
eût privés des sécurités attachées à la propriété immobilière.
Quant au reste de la France il conserva la tradition comme
la seule condition extérieure de la translation de propriété
avec ses facilités et ses fictions.

Vers la fin du XVIIIe siècle, les économistes, les physio-
crates considérèrent la terre comme la source de toutes les
richesses sans tenir compte de ses auxiliaires puissants qu'il
faut placer auprès d'elle, le commerce et l'industrie ; sous
l'influence de ces idées on voulut donner une grande mobi-
lité à la terre; aussi la première réforme fut de rendre publics
les droits réels.

La loi du 9 messidor an III mit en pratique ces idées nouvelles. Mais ses excès furent fâcheux et la rendirent impossible, du reste ce fut là une loi théorique qui ne fut jamais
appliquée. L'art. 105 s'exprimait ainsi : L'acquéreur doit
notifier et déposer expédition de son contrat dans le mois

de sa date au bureau des hypothèques, faute de quoi des hypothèques pouvaient être acquises sur l'immeuble du chef de son auteur jusqu'au jour de la notification. » On s'est appuyé sur cet article pour prétendre que la transcription était nécessaire pour transmettre sous cette loi la propriété immobilière. Un arrêt du 28 juin 1816 rejette cette prétention.

La loi du 11 brumaire an VII arriva avec des idées plus saines et plus utiles et ne voyant dans la terre qu'un immeuble, elle se contenta de revéler les charges qui pesaient sur elle. C'était là un puissant moyen de crédit car, dans notre ancien droit, l'hypothèque était occulte, aussi les tiers traitaient-ils avec méfiance, ayant toujours à craindre d'autres créanciers dont les titres les rendaient préférables. La loi de brumaire devait donc être une loi de publicité ; mais c'était briser avec le passé d'une manière absolue. Ce que la loi du 19 septembre 1790 avait fait pour les pays de nantissement, la loi de brumaire le faisait pour la France entière. C'était donc une grande innovation, aussi ne fut-elle que timide et n'exigea-t-on la transcription que pour les actes translatifs des biens et droits susceptibles d'hypothèque.

L'art. 26 de la loi de brumaire an VII était ainsi conçu :

« Les actes translatifs de biens et droits susceptibles d'hypothèque doivent être transcrits sur les registres du bureau du conservateur des hypothèques dans l'arrondissement duquel les biens sont situés, jusque là ils ne peuvent être opposés aux tiers qui auraient contracté avec le vendeur et qui se seraient conformés aux dispositions de la présente loi. »

Evidemment le législateur de l'an VII a fait fausse route ; ce qui devait être son point de départ ne fut pour lui qu'une conséquence et, au lieu de poser la règle ainsi : les hypothèques sont publiques, par suite la propriété sera publique, il devait renverser la proposition et, du principe que la propriété serait publique, tirer la conséquence que l'hypothèque comme les autres démembrements de la propriété le serait aussi. Et ainsi on rendait publiques toutes les transmissions par décès, testaments, partages, constitutions de servitudes, tout devenait public.

Nous savons que l'insinuation était obligatoire pour les donations, la loi de brumaire les comprend sans les nommer, en disant, les actes translatifs de biens et droits susceptibles d'hypothèques doivent être transcrits. L'insinuation concourut avec la transcription à la publicité des donations.

Ces deux institutions paraissent dès lors faire double emploi, il n'en est rien pourtant.

Les différences qui les séparent sont notables :

1° L'insinuation faite dans le délai de quatre ou de six mois, d'après l'ordonnance de Moulins de 1556, selon que le donataire habitait ou non le royaume, avait un effet rétroactif au jour de la donation, elle pouvait être accomplie après ce délai pourvu que le donateur fût vivant ; mais elle ne produisait son effet qu'à sa date. Aucun délai n'était exigé pour la transcription, dont l'effet était restreint à l'avenir, et la mort du donateur ne mettait pas obstacle à l'accomplissement de cette formalité.

2° L'insinuation était prescrite pour toute espèce de donation, hors les donations faites par contrat de mariage en ligne directe (ordon. de 1731, art. 19), et les donations de choses mobilières qui étaient parfaites par la tradition réelle, et les donations n'excédant pas la somme de 1,000 livres. La transcription n'était exigée au contraire que pour les donations de biens susceptibles d'hypothèque.

3° Le défaut d'insinuation pouvait être opposé même

par les héritiers du donateur; ils ne pouvaient pas au contraire opposer le défaut de transcription.

4° L'insinuation se faisait au greffe, la transcription chez le conservateur des hypothèques.

Le législateur de 1801, imbu des idées des anciennes ordonnances et de la loi de brumaire, décida que l'insinuation serait abandonnée comme faisant double emploi avec la transcription, en sorte que sous le code les donations mobilières ne sont soumises à aucune condition de publicité.

Mais il en fut autrement des donations et substitutions portant sur des biens susceptibles d'hypothèques, la transcription fut considérée comme une formalité essentielle à leur validité à l'égard des tiers. (Art. 939 et 1069.)

Quant aux transmissions à titre onéreux, tout semblait annoncer le maintien du régime de la transcription dans le code. L'art. 1140 renvoie au titre de la vente et au titre des priviléges et hypothèques la détermination des effets de l'obligation de donner ou de livrer un immeuble. Or, il ne peut s'agir d'autres effets que ceux à l'égard des tiers, car entre les parties les effets sont réglés par l'art. 1138. Au titre de la vente nous trouvons, malgré l'ambiguité de la rédaction de l'art. 1583, que la vente est parfaite entre les parties par le seul consentement, c'est comme le germe du principe consacré par la loi de brumaire an VII. Mais évidemmeut cette rédaction avait été adoptée pour laisser intacte la question de publicité sur laquelle les esprits étaient encore partagés au conseil d'Etat.

Le système de publicité prit le dessus, en conséquence le projet du code contenait au titre des hypothèques un art. 91 qui reproduisait l'art. 26 de la loi du 11 brumaire an VII, et décidait « qu'en cas de transmission de biens susceptibles d'hypothèque l'acte devrait être transcrit, faute de cette transcription il ne serait pas opposable aux tiers. Dans une séance du conseil d'Etat, 10 ventôse an XII, la discussion porta sur ce point, cette discussion fut assez peu précise ; quoi qu'il en soit le résultat effectif fut que l'art. 91 disparut du code, dès lors on se trouvait en présence de l'art. 1138 disant que la propriété est transmise par l'effet d simple consentement et de l'art. 1140 faisant des réserves qui n'ont pas abouti.

Une forte discussion s'éleva entre les interprètes du code pour savoir si cette suppression de l'art. 91 n'était pas le résultat d'un simple malentendu. Des auteurs considérables ont soutenu, en s'appuyant sur les art. 2108 et 2198 que, malgré le silence gardé par le code sur le maintien de la transcription, la pensée du code avait été de maintenir l'art. 26 de la loi du 11 brumaire an VII.

La question s'éleva en pratique au point de vue de l'intérêt du fisc, car la transcription donne lieu à la perception de droits fiscaux, aussi le fisc devait-il s'émouvoir du silence gardé par le code, le fisc en effet prétendait que le silence du code ne suffisait pas pour supprimer la transcription et s'appuyait, pour soutenir son système, sur les termes du rapport du tribun Grenier, et dit qu'il y avait une erreur dans l'imprression de son discours. La question fut soumise au conseil d'Etat, il rendit un avis le 11 fructidor an XIII et déclara que le droit civil devait être interprété en ce sens que la transcription avait été supprimée, puisqu'on l'avait maintenue dans les différents cas mentionnés par le code (1).

Cet avis fut approuvé mais non publié, il n'acquit pas force législative, et, s'il ne fut pas publié, c'est parce que le

---

(1) Merlin, Rép. au mot *Inscrip. hypot.*, p. 8 bis.

fisc intervint. La question fut de nouveau soumise au législateur et tranchée par l'art. 834 du code de procédure. Voici ce que suppose cet article.

Un créancier a reçu hypothèque sur un immeuble et avant que ce créancier ait fait inscrire son hypothèque, le débiteur aliène l'immeuble, la question qui se pose est celle de savoir si le créancier pourra malgré cette vente faite authentiquement, ayant date certaine, s'il pourra, disons-nous, faire inscrire utilement son hypothèque jusqu'à ce que la transcription de la vente ait été faite. L'art. 834 résout cette question spéciale en sens contraire de l'avis du conseil d'Etat. Il décide que les inscriptions peuvent être prises même après la vente jusqu'à la transcription, et au plus tard dans la quinzaine de la transcription de cet acte.

Si on se demande quel était en droit le système consacré par l'art. 834, on ne peut y voir un retour à la loi de brumaire art. 26, car l'art. 834 consacrait implicitement l'abrogation de ce système, tout en maintenant une certaine utilité à la transcription.

Au premier abord l'art. 834 paraît par sa rédaction même s'opposer à ce que nous venons de dire, puisque l'hypothèque conférée avant la vente peut être inscrite après la vente et même quinze jours après la transcription de la vente. C'est donc que jusqu'à la transcription la propriété est bien transférée entre les parties, mais non au préjudice des tiers qui ont des droits sur l'immeuble.

Interpréter ainsi l'art. 834, serait tomber dans une erreur grave, car voyons avec soin quelles sont les hypothèques que l'art. 834 protége, et nous resterons convaincus que ce n'est pas en ce sens qu'il faut nous décider. Evidemment ce sont les hypothèques acquises avant l'aliénation, quant à celles conférées après la vente, il n'en est plus de même. D'après l'art. 26 de la loi de brumaire an VII, elles pourraient être inscrites ; mais, d'après l'art. 834, elles ne le peuvent plus. C'est donc que définitivement la propriété est transférée *erga omnes*, par le seul effet du consentement ; mais l'art. 834 permet de rendre publics certains droits, précisément pour sauvegarder les intérêts du fisc.

La législation subsista ainsi depuis le code de procédure, jusqu'à une époque qui n'est pas éloignée de nous, mais non sans réclamations, on faisait remarquer combien était dangereux au point de vue du crédit un système qui laissait ainsi occulte une hypothèque déjà consentie ou bien une vente.

C'est ce qui fit dire à M. de Belleyme dans son rapport fait au nom de la commission chargée de préparer le projet de loi :

« Au milieu des discussions et des critiques qui s'élèvent
» de toutes parts, il est un point, une défectuosité, un vice
» de la loi sur lequel il n'y a ni dissentiment, ni désaccord,
» à l'égard duquel on est unanime, et c'est précisément
» sur ce point que porte la modification qui vous est pro-
» posée.

» Elle consiste à soumettre les actes translatifs ou consti-
» tutifs de la propriété, de ses démembrements, de ses
» charges à la nécessité de la transcription pour la validité
» à l'égard des tiers. La transcription n'existe dans la loi
» qu'à titre d'exception. C'est là une lacune, un vice ra-
» dical qui rend occulte l'état de la propriété.

» Dans l'état actuel des choses, rien ne révèle d'une ma-
» nière certaine et publique quel est le propriétaire d'un
» immeuble, il n'existe aucun moyen de s'assurer de la
» vérité à cet égard, et en traitant avec celui qui a toutes les
» apparences du droit de propriété on n'est jamais sûr de
» traiter avec le véritable propriétaire. »

Cet état de choses demandait à être modifié, et M. de Belleyme était l'interprète fidèle des besoins du crédit qui allait toujours s'affaiblissant. On désirait depuis longtemps le retour à la loi de brumaire, on allait même plus loin, on voulait un système plus large du principe de publicité établi par cette loi et limité aux actes translatifs de biens et droits susceptibles d'hypothèque.

En 1841, le gouvernement s'occupa de cette loi à faire, et M. Martin (du Nord), alors garde des sceaux, demanda l'avis des cours et facultés de France.

Toutes les cours, toutes les facultés, à l'exception d'un très-petit nombre, furent unanimes à demander le rétablissement de la transcription. Une commission fut alors nommée par le garde des sceaux, et son rapporteur, M. Persil, interprète des sentiments de la commission, s'exprima dans le même sens. De tous ces travaux, résulta le projet de loi conduit jusqu'à la troisième lecture et qui, sans les événements graves qui survinrent et empêchèrent l'Assemblée nationale de poursuivre sa tâche, se serait transformé en loi.

De ce projet l'on a extrait avec certaines modifications la loi qui est aujourd'hui la loi fondamentale en cette matière, la loi du 23 mars 1855.

La loi du 23 mars est sans contredit la loi la plus importante qui depuis longtemps ait été faite dans l'ordre du droit privé. Les points que le législateur avait à traiter étaient si multiples, et donnaient lieu à tant de difficultés, qu'on peut s'étonner de trouver dans cette loi une concision si grande et un nombre si restreint d'articles. Cette concision rend plus d'un point obscur, et fait de cette matière la matière si non la plus ardue, du moins une des plus compliquées de notre droit.

Les intérêts en jeu sont si considérables que de tout temps le législateur a cru devoir réglementer cette matière d'une façon toute spéciale. Nous avons vu en effet, sans remonter au système du pays de nantissement, dès 1790, se manifester le désir de rendre uniforme pour toute la France le système de la transmission de la propriété immobilière. - Cette innovation, tentée d'abord timidement, s'est accentuée d'une façon indiscutable lorsque, brisant avec le passé, et introduisant un système tout nouveau, la loi du 11 brumaire an VII, loi fondamentale en cette matière, eut posé les bases du système actuel; consolider l'acquisition de la propriété immobilière, mettre les tiers à l'abri des surprises et de la mauvaise foi d'un propriétaire peu consciencieux, tel a été le double but du législateur.

Etudier cette loi article par article, analyser chacune de ses dispositions serait certainement une étude à la fois utile et intéressante; mais ce serait sortir des bornes que nous nous sommes imposées. Nous craindrions du reste de rester trop au-dessous des auteurs célèbres qui ont apporté sur cette matière les lumières de leur science et de leur longue expérience juridique. Notre but est simplement de rechercher, lorsqu'un acte est soumis à la transcription par la loi du 28 mars 1855, quelles sont les personnes qui peuvent se prévaloir du défaut de cette transcription.

Mais avant de nous livrer à ces recherches intéressantes, au double point de vue de la théorie et de la pratique, nous ne croyons pas inutile de dire quelques mots de l'esprit de la loi de 1855, après quoi nous énumérerons les actes translatifs de la propriété des immeubles à titre onéreux, et prenant pour type la vente, nous résoudrons les différentes hypothèses qui se présenteront dans le cours de nos développements.

Puis nous occupant des actes à titre gratuit, nous rechercherons d'abord quelles sont les personnes qui peuvent invoquer le défaut de transcription d'une donation ordinaire, et ensuite d'une donation ou d'un testament avec charge de rendre, c'est-à-dire d'une substitution.

Nous diviserons donc notre étude ainsi qu'il suit :

Observations générales sur la loi de 1855. Enumération des actes soumis à la transcription.

Chap. I". — Effets du défaut de transcription dans les actes à titre onéreux. Dans la vente par exemple.

Chap. II. — Effets du défaut de transcription dans les actes à titre gratuit. Dans une donation simple.

Chap. III. — Effets du défaut de transcription dans une donation ou dans un testament contenant substitution.

OBSERVATIONS SUR LA LOI DU 25 MARS 1855.

Cette loi, d'une manière générale, décide qu'il faudra rendre publics, par la transcription, les actes entre vifs ayant pour objet des transmissions immobilières ou la constitution d'un droit réel de nature à modifier la propriété.

Comme point de départ, la loi de 1855 se rattache à celle de brumaire, seulement l'art. 26 de la loi de brum. ne prescrivait la transcription que des actes translatifs de biens ou droits susceptibles d'hypothèque, sous ce rapport, la loi de 1855 est plus complète.

Dans son art. 1", elle exige la transcription au bureau des hypothèques de la situation des biens :

1° De tout acte entre vifs translatif de propriété immobilière ou de droits réels susceptibles d'hypothèque;

2° De tout acte portant renonciation à ces mêmes droits;

3° De tout jugement qui déclarera l'existence d'une convention verbale de la nature ci-dessus exprimée ;

4° De tout jugement d'adjudication autre que celui rendu sur licitation au profit d'un cohéritier ou d'un copartageant.

Et l'art. 2.

Sont également transcrits :

1° Tout acte constitutif d'antichrèse, de servitude, d'usage, d'habitation ;

2° Tout acte portant renonciation à ces mêmes droits ;

3° Tout jugement qui en déclare l'existence en vertu d'une convention verbale ;

4° Les baux d'une durée de plus de dix-huit ans ;

5° Tout acte ou jugement constatant, même pour bail de moindre durée, quittance ou cession d'une somme équivalente à trois années les loyers ou fermages non échus.

L'art. 2, on le voit, soumet à la transcription des actes même non susceptibles d'hypothèque, et la raison en est bien simple : c'est que, bien qu'un droit de servitude prédiale ne soit pas susceptible d'hypothèque, ceux qui traitent avec le propriétaire sont intéressés à connaître les servitudes. La transcription était le moyen le plus simple de sauvegarder l'intérêt des tiers, qui est l'unique préoccupation du législateur de 1855.

Et cette idée est si forte que, bien que les donations, ayant pour objet un droit de servitude, d'usage et d'habitation, ne soient pas, d'après le code, soumises à la transcription, art. 939, elles y sont soumises d'après la loi de 1855 ; et sa disposition est générale.

Mais, peut-on dire, le dernier alinéa de l'art. 11 de la même loi nous dit :

Il n'est point dérogé aux dispositions du code relatives à la transcription des actes portant donation ou contenant des dispositions à charge de rendre, elles continuent à recevoir leur exécution.

Donc, puisque sous l'empire du code ces donations ne sont pas soumises à la transcription, la loi de 1855 décidant qu'il n'est rien dérogé au code ne les y soumet pas.

Nous croyons, malgré ce texte qui paraît positif, qu'il faut persister à dire que la loi de 1855 soumet ces donations à la transcription.

Et voici les raisons qui nous font décider ainsi. D'abord, l'art. 2 est général, il ne distingue pas. Et si nous recherchons le vrai sens de l'art. 11 de la loi de 1855, nous verrons qu'il peut être invoqué en notre faveur.

Quel est, en effet, son but? Il n'en a pas d'autre que de laisser subsister, dans la matière des donations et des substitutions, les effets particuliers que la transcription y produit et les conditions spéciales de publicité que le code a établies. Toutes les variétés, les anomalies que le code a mises dans le système de la transcription des donations sont maintenues quoiqu'il y ait des divergences avec les règles de la loi de 1855. Cette loi a trouvé la transcription organisée pour les donations, elle a laissé intacte l'œuvre du code; mais là où le code n'a rien dit il faut appliquer notre article 2.

Les différents actes que l'on peut faire sont entre vifs ou à cause de mort, à titre onéreux ou à titre gratuit.

La loi de 1855, en entrant si avant dans le système de publicité, devait faire un choix pour éviter les abus. Aussi a-t-elle dû se renfermer dans d'étroites limites et rejeter comme inutile la publication des actes que le plus impérieux besoin ne réclame pas.

Ce choix a-t-il été toujours judicieux? C'est là un point douteux ; et pour certains actes, il est bien évident que l'on eût agi avec beaucoup plus de prudence en exigeant qu'ils fussent rendus publics par la transcription.

La loi a fait une distinction entre les actes entre vifs et les actes à cause de mort.

L'art. 1er, comme nous l'avons vu, dit : «Seront transcrits : tous actes *entre vifs* translatifs de propriété immobilière? »

, Il faut donc que l'acte soit entre vifs, cela exclut complétement les actes à cause de mort ; aussi les mutations par décès, les testaments, à moins qu'ils ne contiennent une substitution fidéicommissaire ne doivent pas être transcrits.

Cette disposition de la loi étonne un grand nombre de personnes, et nous avouons que, pour notre compte, nous ne la comprenons pas. On ne peut pas dire en effet que ce soit un oubli du législateur. Car s'il est vrai, comme nous le voyons dans le répertoire de Guyot, réédité par Merlin, que le nantissement n'était pas nécessaire pour transférer les biens d'un défunt à son héritier légitime parce que la loi l'en saisit de plein droit, il n'en était pas ainsi dans le droit intermédiaire, et le décret du 19 septembre 1790 substituant à la formalité du nantissement la transcription des grosses des contrats d'aliénation ou d'hypothèque au greffe du tribunal du district de la situation des biens, fit place à la loi de brumaire qui, dans son art. 26, ne distinguait pas entre les actes entre vifs et les actes à cause de mort. *Les actes translatifs de biens et de droits susceptibles d'hypothèque*, disait cet article. Cette disposition était générale et on en avait conclu que les testaments étaient compris dans cette disposition. Et la cour de Nîmes (arrêt du 11 février 1807) l'avait ainsi décidé, en déclarant *que la transcription du testament par un légataire particulier, sous l'empire de la loi de brumaire, purge l'immeuble légué de toute hypothèque non inscrite à l'époque de la transcrip-*

tion (1). Le désir de soumettre les actes à cause de mort à la transcription était tellement évident qu'en 1849 la commission nommée par le garde des sceaux pour étudier un projet de réforme hypothécaire, s'exprimait ainsi par la voix de son rapporteur M. Persil : « *Les testaments et les donations sont placés sur la même ligne que la vente et les échanges.* » Mais comment pouvait s'opérer cette transcription? S'il s'agissait d'un testament, rien ne paraissait plus simple, un acte existe, il est transcrit. La difficulté se présentait donc pour les transmissions de succession *ab intestat*, non pas que l'intérêt général dût être sacrifié à l'ancienne et nationale maxime : le mort saisit le vif, dont la loi, en accordant au légataire un certain délai pour faire transcrire sa vocation héréditaire avec effet rétroactif, aurait pu en conserver le bénéfice au successible ; mais, parce que l'ouverture d'une succession *ab intestat* ne nous offre pas le premier élément de la transcription : l'acte nous manque.

La commission fut fort embarrassée pour donner au crédit son complet développement par une publicité universelle, et avait-elle reculé devant la sanction légale attachée au défaut de transcription. La commission tourna la difficulté, et, sans donner d'effet à l'égard des tiers, au mode de publicité des successions *ab intestat* elle décida que le moyen de rendre publiques ces successions consisterait dans la copie, sur les registres du conservateur des hypothèques, des déclarations faites au receveur de l'enregistrement dans les six mois qui suivent le décès. Cette sage mesure n'a pas été reproduite dans la loi de 1855. De là de nombreuses lacunes dans la série des transmissions, tous les immeubles passant à leur tour par la filière des successions.

---

(1) L. 5, Coll. nouv. ann. 1807.

La question, soumise au conseil d'Etat en 1850, fut résolue conformément à ce rapport.

Et l'on rédigea deux articles, dont l'un était ainsi conçu :

« Tous actes à titre gratuit et onéreux, translatifs ou déclaratifs de propriété immobilière seront transcrits en entier sur les registres du bureau de la conservation des hypothèques, dans l'arrondissement duquel les biens sont situés. Jusque là ils ne peuvent être opposés aux tiers qui auraient traité sans fraude avec le vendeur. »

Le conseil d'Etat maintint cette rédaction, en ajoutant un parag. additionnel :

« Les actes authentiques de partage seront transcrits sur extrait contenant la copie textuelle des parties de ces actes relatives aux qualités des copartageants, à la désignation des immeubles, à la composition des lots, à leur abandonnement et aux conditions de l'abandonnement. »

On ne paraissait donc pas avoir renoncé à l'idée du rapporteur de la commission de 1849, qui avait dit que les donations et les testaments étaient placés sur la même ligne que la vente et l'échange.

Cependant M. Bethmont, rapporteur du conseil d'Etat, s'exprima en ces termes :

« Confidents d'une pensée suprème, ces actes, délibérés en face de la mort, sont souvent dépositaires des secrets les plus intimes de la famille, on ne les publierait qu'en les profanant. »

Une semblable déclaration était bien faite pour jeter le trouble dans les esprits déjà si hésitants.

Et la commission de l'Assemblée nationale législative modifia l'art. qui fut ainsi rédigé :

« La transmission entre vifs à titre gratuit ou onéreux sera transcrite, » etc.

On sait que ce projet n'aboutit pas, car la troisième lecture ne put être faite.

La question restait donc entière. C'était au législateur de 1855 à la résoudre. Sous l'influence de tout ce qui avait été dit et fait jusque là, des hésitations de ses prédécesseurs, il se prononça pour la non transcription des testaments.

Est-ce là une de ces mesures sages qui satisfont à la fois l'intérêt et le crédit publics? C'est ce que nous ne croyons pas. Aussi le législateur, en n'exigeant pas la transcription des testaments, est arrivé à des conséquences, si non incroyables, du moins très-extraordinaires, peut-être même en opposition directe avec le but qu'il poursuivait, car ce n'est pas rendre la propriété stable que de permettre à un légataire, inconnu de tous, de venir, après un temps plus ou moins long, dépouiller ceux qui ont traité avec les héritiers, croyant traiter avec le véritable propriétaire.

Mais, quoi qu'il en soit, la loi de 1855 est formelle, elle ne soumet pas les testaments à la transcription.

Enumération des actes translatifs de propriété immobilière.

Nous allons rapidement passer en revue les différents actes translatifs de propriété immobilière, que la loi de 1855 soumet à la transcription.

Nous ne parlerons pas de la vente en ce moment, car nous avons pris ce contrat pour type des observations que nous avons à présenter sur la loi de 1855.

Sous la dénomination de contrats translatifs de propriété se trouve nécessairement compris l'échange. Sauf les exceptions particulières exprimées dans les art. 1704, 1705, et 1706, le code civil l'assimile en tout point à la vente. Il y a donc parité de raison pour exiger la transcription, comme condition de sa perfection à l'égard des tiers.

Une seule chose est utile à préciser quant à ce genre particulier de contrat ; c'est que, pour produire son effet à l'égard des tiers, il devra avoir été transcrit sur la tête des deux copermutants et dans les bureaux de la situation de tous les biens réciproquement acquis par voie d'échange.

On doit pareillement comprendre parmi les actes translatifs de propriété soumis à la nécessité de la transcription les dations d'immeubles en paiement qui s'opèrent entre mari et femme, soit après partage de communauté, soit après séparation de biens sous le régime dotal.

Ainsi, par exemple, en matière de partage de communauté, l'art. 1472 veut que les reprises de la femme ne soient pas bornées à un droit de prélèvement sur les biens de la communauté, et qu'elles puissent s'exercer sur les biens personnels du mari.

Il peut donc, suivant l'art. 1470, être attribué à la femme des immeubles du mari pour le prix de ses biens personnels aliénés sans remploi, et pour les indemnités qui lui sont dues par la communauté.

Sous le régime dotal, la séparation de biens amène pareillement des liquidations, à la suite desquelles des immeubles du mari sont attribués à la femme en paiement de ses droits.

Dans ces divers cas, il y a évidemment mutation de propriété et nécessité de la rendre publique dans l'intérêt des tiers.

Ces liquidations, opérées la plupart du temps lorsque les affaires du mari sont en désordre, en vue de frauder les créanciers, deviennent, en matière d'expropriation forcée, la cause la plus fréquente des demandes en distractions et des revendications exercées après coup contre les adjudicataires, sans qu'il y ait pour eux d'autre moyen de résistance que l'allégation de la fraude si difficile à établir juridiquement.

En déclarant que faute de transcription elles seront comme non avenues à l'égard des tiers, on ne place pas la femme dans une situation autre que celle où elle se trouve lorsque la séparation de biens est déclarée nulle, faute d'avoir été exécutée dans le délai fixé par l'art. 1444. Car, dans ce cas, la nullité de la séparation de biens entraine la nullité des liquidations et des dations en paiement; ; les droits légitimes de la femme ne seront pas perdus, elle ne perd que le droit actuel à la propriété des biens donnés en paiement. Il lui reste, comme auparavant, le bénéfice de son hypothèque légale et la faculté de faire de nouveau procéder à la liquidation. Seulement cette liquidation ne peut plus se faire, s'opérer à l'insu des créanciers ou des tiers acquéreurs du mari, postérieurs aux premières opérations restées comme non avenues.

Voilà l'utilité de la transcription des dations en paiement à l'égard des tiers.

Quand dans une société un associé apporte un immeuble, il y a translation de propriété de l'associé à la société ; donc on doit faire transcrire cet acte de société, et la société se trouve être un tiers relativement à un acheteur du même immeuble qui aurait un titre antérieur ou même postérieur au sien. Cet acheteur ne primera la société qu'à la condition d'avoir fait transcrire son acte d'achat avant la transcription de l'acte de société.

La transaction est de sa nature déclarative, elle n'est donc pas soumise à la transcription. Ce ne serait que dans le cas où l'une des parties abandonnerait à l'autre un immeuble pour lequel il n'y aurait pas de contestation, qu'alors cette transaction renfermant une translation de propriété devrait être transcrite.

Quant au partage, nous ne devons pas oublier qu'il est dans notre code déclaratif et non translatif, donc il ne doit pas être transcrit.

La loi de 1855 soumet à la transcription les renonciations

aux droits énumérés dans l'art. 1er Mais il ne faut exiger la transcription que pour les renonciations à des droits quele renonçant a réellement eus et non pour ceux qu'il a négligé d'acquérir, et qui, par conséquent, n'ont jamais été dans son patrimoine.

Ainsi, par exemple, la renonciation à l'action en revendication, à une prescription doit sans aucun doute être transcrite. Si, au contraire, la renonciation prend le caractère de transaction, nulle transcription ne sera exigée. Il faut, de plus, que la renonciation ait pour objet d'éteindre soit des droits relatifs à un immeuble, soit des droits réels immobiliers indiqués par la loi.

Si la convention n'est pas constatée par écrit, qu'elle soit verbale, et que, par suite d'une contestation, un jugement soit rendu qui constate cette convention, il faudra transcrire ce jugement.

Quant aux jugements d'expropriation pour cause d'utilité publique, la question n'est pas controversée; ils sont soumis à la transcription.

Les actes administratifs sont de deux sortes : ceux qui ont pour but de pourvoir à des intérêts généraux, tels que les concessions des mines, de prise d'eau, etc., et ceux qui, au point de vue des tiers, ont un intérêt bien plus considérable. L'État, les départements, les communes ont des biens, ils peuvent les vendre, les échanger, les louer, les grever de servitude Dès lors, la loi de 1855 devait s'en occuper et les soumettre à la transcription. Et l'utilité de la transcription est incontestable, les administrateurs se renouvellent, et cette succession quelquefois trop précipitée pourrait bien amener ce résultat de faire oublier à un administrateur les actes de ses devanciers; le moyen le plus simple d'éviter de pareilles erreurs était de soumettre ces actes à la transcription.

Ainsi, en principe, la loi de 1855 soumet à la transcription tous les actes translatifs de propriété immobilière. Nous avons énuméré les principaux. Nous croyons inutile de passer les autres en revue. Nous verrons, en nous occupant de la vente, quels sont les tiers dans le sens de la loi de 1855. Tout ce que nous dirons pourra s'appliquer aux actes que nous venons de parcourir, aussi n'insistons-nous pas davantage sur ce point.

Toutefois, à l'occasion des baux, la loi de 1855 exige, dans certains cas, la transcription, bien qu'il ne s'agisse pas d'actes translatifs de propriété.

Elle exige la transcription des baux d'une durée de plus de dix-huit ans, et des quittances ou cession de trois années de loyers ou fermages non échus.

CHAPITRE I

Effets du défaut de transcription dans les actes à titre onéreux, spécialement dans la vente.

La vente est sans contredit l'acte le plus important parmi les actes translatifs de propriété, c'est le type des mutations à titre onéreux, le plus usité des contrats et celui en vue duquel a été établie la transcription, aussi c'est cet acte que nous prendrons pour la base de notre étude.

L'art. 1583 du C. civ. nous dit : « La vente est parfaite et la propriété transmise dès qu'on est convenu de la chose et du prix. »

Voilà le principe du code, nul écrit n'est exigé, nulle trâdition ne doit être effectuée, le simple consentement suffit.

Mais, bien entendu, ce n'est qu'entre les parties contractantes que la vente a une pareille conséquence ; à l'égard des tiers, il faut que la vente soit rendue publique par la transcription. Jusqu'à la transcription le vendeur peut concéder des droits réels, vendre une seconde fois, et si les créanciers, si le second acheteur ont eu soin de se conformer aux lois pour conserver leurs titres, le premier acheteur n'a pas à se plaindre d'être cause qu'une action personnelle contre le vendeur actuel pourra être illusoire par suite de l'insolvabilité du vendeur.

Voilà la règle de la loi de 1855.

Ce qu'il importe surtout de bien déterminer, c'est le point de savoir dans quelle mesure la loi de 1855 modifie le principe de l'art. 1138, reproduit dans l'art. 1583, aux termes desquels la propriété est transportée *solo consensu*.

Cela revient à se demander quelles seraient les conséquences du défaut de transcription quand elle est prescrite par la loi de 1855.

La réponse se trouve dans l'art. 3.

« Jusqu'à la transcription, les droits résultant des actes et jugements énoncés aux articles précédents ne peuvent être opposés aux tiers qui ont des droits sur l'immeuble, et qui les ont conservés en se conformant aux lois. »

Cette disposition de l'art. 3 de la loi du 23 mars 1855, pour être bien comprise, doit être rapprochée d'une part de l'art. 834 du Code de procédure, et de l'art. 26 de la loi de brumaire an VII, d'autre part et enfin de l'art. 941 du Code civil.

Si nous comparons l'art. 3 avec l'art. 834, nous y remarquerons une différence capitale.

En effet, dans le système de l'art. 834 l'aliénation une

fois accomplie par le contrat de vente, le vendeur ne pouvait plus conférer sur l'immeuble aucun droit réel opposable à l'acheteur, les créanciers hypothécaires pouvaient, dans l'intervalle de la vente, jusqu'à l'expiration du délai de quinze jours depuis la transcription, inscrire les hypothèques acquises avant l'aliénation.

Aujourd'hui, bien que la propriété d'un immeuble soit transmise à l'égard du vendeur alors même que le premier contrat n'aurait pas été transcrit, néanmoins cette aliénation, d'après l'art. 3 de la loi de 1855, n'empêcherait pas le vendeur de conférer des droits réels sur l'immeuble, droits réels opposables au premier acquéreur, quoique postérieurs à l'acte de vente.

Si donc nous supposons qu'une personne ayant vendu un immeuble qui lui appartenait le vend une seconde fois à un autre acheteur, ou bien qu'elle confère à un créancier une hypothèque, ou bien qu'elle établisse un droit de servitude, tous ces droits seront valablement consentis si d'ailleurs ils ont été conservés avant la transcription de la première vente, et qu'ils aient été rendus publics avant cette époque.

C'était là, du reste, ce qui résultait de l'art. 26 de la loi de brumaire an VII : cet article s'exprimait en des termes plus restrictifs, il ne protégeait que ceux qui après la vente avaient traité avec le vendeur.

La loi de 1855 a complété et élargi la loi de brumaire, car il est très-possible que, sans contracter avec le vendeur, on puisse acquérir des droits réels.

Un droit d'hypothèque ne résulte pas toujours de la convention ; c'est ainsi qu'il peut résulter d'un jugement (art. 2123.) Supposons que depuis la vente de l'immeuble un créancier du vendeur ait acquis une hypothèque par jugement, il n'a pas traité avec le vendeur, et pourtant il acquiert utilement cette hypothèque à condition de l'avoir inscrite.

Reste maintenant à rapprocher notre article de l'art. 941 du C. civ. Cet article, comme nous le verrons plus tard, décide que le défaut de transcription en matière de donation peut être opposé par toute personne ayant intérêt, et nous en concluerons que les créanciers simplement chirographaires qui viennent pratiquer une saisie peuvent opposer le défaut de transcription. En sera-t-il de même d'après la loi de 1855 ? Non, ici ce ne sont que les tiers qui ont des droits sur l'immeuble, les termes de l'art. 3 ont été employés pour méconnaître aux créanciers chirographaires le droit de réclamer.

Ainsi, une personne a un immeuble, elle en fait donation, cette donation n'est pas transcrite, les créanciers chirographaires saisissent, la saisie sera valable, opposable au donataire.

Cette même personne vend sa maison, la vente n'est pas transcrite, les créanciers chirographaires font une saisie, elle sera nulle non opposable à l'acquéreur, car les créanciers n'ont pas de droits sur l'immeuble.

Voilà, au point de vue pratique, la portée de la loi. On voit que cette loi ne supprime pas le principe que la propriété, même immobilière, est transmise par l'effet du consentement. Ce principe subsiste aujourd'hui ; mais ce qu'il y a de nouveau, c'est que, bien que le consentement transfère la propriété, les droits du nouveau propriétaire ne peuvent être opposés aux tiers auxquels la loi de 1855 donne le droit de se prévaloir du défaut de transcription.

On a proposé une formule généralement adoptée, quoique peu exacte :

« Aux termes de la loi du 23 mars 1855, le seul consentement suffit pour transférer la propriété entre les parties ; mais il faut la transcription pour que les droits réels soient établis à l'égard des tiers. »

Celte formule ne reproduit pas les termes de la loi, aussi vaudrait-il mieux dire :

« Jusqu'à la transcription, la transmission ne compte pas à *l'égard des tiers.* »

Reprenons l'art. 3.

« Jusqu'à la transcription les droits résultant des actes et jugements énoncés aux art. précédents ne peuvent être opposés aux tiers qui ont des droits sur l'immeuble et qui les ont conservés en se conformant aux lois. »

Ecartons tout de suite l'ambiguité que peuvent présenter les termes dont la loi s'est servie. « Jusqu'à la transcription, dit-elle, les droits. » Pris à la lettre, ces termes semblent vouloir dire que, à partir de la transcription, les droits que les tiers ont acquis sur l'immeuble sont anéantis complétement, et qu'ils ne peuvent plus les opposer à l'acquéreur qui a fait transcrire. Mais ce n'est pas là évidemment la pensée du législateur, car ce serait donner à la transcription un effet rétroactif qui lui enleverait toute son utilité. Ce que la loi a voulu dire, c'est que, jusqu'à la transcription faite par l'acquéreur, les tiers qui ont traité avec le vendeur postérieurement à l'acte mais antérieurement à la transcription de ce même acte, peuvent opposer le défaut de transcription au tiers acquéreur. Une fois cette transcription faite, l'acquéreur n'a plus rien à craindre. C'est, du reste, ce qui ressort clairement de tout ce que nous avons dit de la loi de 1855.

Ceci dit, nous allons rechercher ce que l'on entend par tiers, et quelles sont les personnes que l'on doit ranger dans cette catégorie.

Après avoir fait cette étude, nous verrons quelles sont les personnes qui ne peuvent pas invoquer le défaut de transcription.

Après quoi nous parlerons de celles qui peuvent invoquer ce défaut.

Ainsi nous le répétons.

La vente faite par un propriétaire a tout son effet, quoique non transcrite entre les parties contractantes. On ne peut donc ranger la vente parmi les contrats solennels, ce n'est qu'au regard des tiers que la transcription devient une condition de la perfection entière du contrat.

Aussi devons-nous rechercher avec soin quelles sont les personnes que la loi range dans cette catégorie des tiers, afin de déterminer les personnes qui peuvent ou non invoquer le défaut de transcription.

SECTION I

Qu'entend-on par le mot tiers, et quelles personnes ne sont pas comprises sous cette dénomination ?

Il est difficile de donner une définition à la fois claire et exacte du mot tiers. Quant à présent, on peut dire que toutes les personnes qui avant, ou même depuis la vente, ont acquis des droits sur l'immeuble, et qui les ont conservés en se conformant aux lois, sont tiers dans le sens de la loi du 23 mars 1855.

Ce n'est que dans la suite, et en analysant les différentes hypothèses qui se présenteront, que l'on pourra, non pas définir, car c'est, croyons-nous, impossible, mais du moins énumérer les personnes qui sont des tiers.

Et d'abord il est un point certain c'est que ces mots tiers ne peuvent s'appliquer ni au vendeur à l'égard de l'acheteur, ni à ce dernier à l'égard du vendeur. Entre les parties, nous le savons, la transcription est de nul effet. Mais il y a une autre raison.

Quant au vendeur il ne peut prétendre au droit d'opposer

le défaut de transcription, car il doit garantie à son acheteur. Or, *quem de evictione tenet actio eumdem agentem repellit exceptio*. Quant à l'acheteur il ne peut pas plus que le vendeur se prévaloir du défaut d'accomplissement d'une formalité qu'il est chargé de faire. Et l'art. 941 C. civ. est formel : « Ne peuvent invoquer le défaut de transcription ceux qui sont chargés de la faire faire, leurs ayants-cause, le donateur. »

Quant aux héritiers ou successeurs universels ou à titre universel soit du vendeur soit de l'acheteur, il semblerait, à ne consulter que la généralité des termes de l'art. 3. de la loi du 23 mars 1855, qu'ils peuvent invoquer le défaut de transcription, car l'article ne semble pas faire de distinction : «Tous ceux qui ont des droits sur l'immeuble, dit-il, peuvent opposer le défaut de transcription.» Et à ne consulter que sa rédaction elle-même on pourrait aussi en tirer cette conséquence. L'art 941 dit bien que ce droit appartient à toute personne ayant intérêt, la loi de 1855 n'a pas reproduit ces expressions ; mais elle n'a pas non plus reproduit les termes restrictifs de la loi de brumaire an vii : « Ceux qui ont contracté. »

Or en disant : « Ceux qui ont acquis des droits sur l'immeuble,» la loi semble ne faire aucune distinction entre les ayants-cause à titre onéreux et les ayants-cause à titre gratuit. Mais, quoi qu'il en soit, il ne peut être question d'accorder ces droits aux héritiers ou successeurs universels ou à titre universel : ils sont par l'intermédiaire du vendeur parties au contrat. Or entre les parties la vente est parfaite par le simple consentement, du reste les successeurs tenus des obligations de leur auteur, par conséquent obligés de respecter les droits qu'il a consentis, les aliénations qu'il a faites. En un mot ils ne peuvent avoir plus de droits que celui dont ils tiennent la place.

Il en est ainsi soit que les héritiers aient accepté la succession purement ou simplement soit qu'ils l'aient acceptée même sous bénéfice d'inventaire, car le but du bénéfice d'inventaire est de rendre distinct le patrimoine du défunt du patrimoine de l'héritier et de faire que celui-ci ne soit tenu des dettes et charges de la succession qu'*intra vires bonorum;* mais non de donner à l'héritier des droits plus étendus que ne lui en donnerait l'acceptation pure et simple.

Mais une question se présente pour l'héritier bénéficiaire.

Un héritier accepte une succession sous bénéfice d'inventaire. Cet héritier avait acquis de son auteur à titre singulier un immeuble, il a fait transcrire son titre. Cet immeuble avait été antérieurement vendu par son auteur à un tiers qui n'a pas fait transcrire.

Or, nous savons que l'art. 802 C. civ. porte que le bénéfice d'inventaire confère à l'héritier, d'abord le droit de ne pas confondre ses biens personnels avec ceux de la succession et de plus de conserver contre elle le droit de réclamer le paiement de sa créance.

Cela posé, voyons comment les choses vont se passer.

Le tiers acquéreur revendique l'immeuble ; l'héritier lui oppose le défaut de transcription. Pourra-t-il le faire et dire : Je suis acquéreur, j'ai fait transcrire mon titre, donc je suis propriétaire *erga omnes*. Je suis héritier, il est vrai, et par suite représentant mon auteur et tenu de ses obligations, je vous dois donc la délivrance et la garantie d'après l'art. 1603. Mais, d'un autre côté, je suis héritier bénéficiaire, et l'art. 802 me donne le droit de faire valoir contre la succession les créances que je puis avoir contre elle. Or, elle me doit cet immeuble, car j'en suis le seul propriétaire. Je le revendique ; exercez votre action personnelle en dommages et intérêts, à raison de l'éviction que vous souffrez contre la succession, action à laquelle je serai obligé de répondre dans la mesure de l'émolument que je retirerai dans la succession, mais je garde l'immeuble.

Là question ainsi posée est très-discutée.

La raison de douter, on le voit, est que l'héritier ne peut opposer le défaut de transcription au premier acquéreur qui peut repousser sa prétention par la maxime : *Que.n de evictione tenet actio eumdem agentem repellit exceptio.*

Mais, d'un autre côté, l'art. 802 paraît permettre à l'héritier d'opposer le défaut de transcription : en lui permettant d'intenter contre la succession les actions en paiement de ses créances.

Malgré l'autorité qui s'attache aux grands jurisconsultes qui ont résolu la question dans le sens de l'affirmative, il nous paraît impossible d'admettre cette opinion, car ils raisonnent constamment dans une hypothèse qui est bien différente de la nôtre. Ils supposent, en effet, que le défunt a vendu un bien qui appartenait à l'héritier : dans cette hypothèse, la cause de l'héritier est bien préférable à celle de cet acquéreur négligent qui n'a pas fait transcrire. Et c'est dans cette hypothèse qu'un arrêt *du* 28 *mars* 1835 de la cour de Grenoble (*S. V.* 36-2-47) décide que dans ce cas le tiers acquéreur ne peut repousser l'héritier par la maxime : *Quem de evictione tenet actio eumdem agentem repellit exceptio.*

Mais telle n'est pas notre hypothèse. On ne l'a pas oublié, il s'agit d'un bien que le défunt a vendu à l'héritier après l'avoir déjà vendu à un tiers. L'héritier devient par son acceptation même bénéficiaire le représentant du défunt et comme tel tenu de ses obligations, donc il ne peut opposer le défaut de transcription, tout ce qu'il peut faire c'est de s'adresser par son action personnelle à la succession qui l'indemnisera ; car si l'art. 802 permet de le traiter comme un tiers, il faut se rappeler que nous sommes dans une matière de droit strict, et que sa qualité d'héritier doit l'emporter. Ce n'est pas l'art. 802 qu'il faudra appliquer, mais bien l'art. 1072 C. civ. qui décide que le défaut de transcription ne peut être invoqué ni par le donateur, ni par ses héritiers ou successeurs universels ou à titre universel.

Il est évident qu'il faut compter au nombre des personnes qui ne peuvent invoquer le défaut de transcription, et qui, par conséquent, ne se trouvent pas comprises dans le mot tiers de l'art. 3 les personnes qui sont chargées de faire faire la transcription des actes concernant les incapables, tels que les *tuteurs*, les *maris*, les *administrateurs*.

L'art. 941 est formel ; le défaut de transcription pourra être opposé par toute personne ayant intérêt, excepté celles qui sont chargées de faire faire la transcription ou leurs ayants-cause et le donateur. Cette disposition, comme le dit M. Troplong (1), doit être évidemment étendue à la loi de 1855.

Écartons encore de cette énumération les créanciers chirographaires qui ne sont pas considérés comme des tiers.

Nous disons : qui ne sont pas considérés comme des tiers, car la loi de 1855 est formelle ; et M. de Belleyme, dans son rapport, nous dit que c'est précisément en vue des créanciers chirographaires et pour les écarter que l'art. 4 devenu l'art. 3 a été adopté avec cette modification. « Aux tiers qui ont des droits sur l'immeuble. » Or, il est évident que les créanciers chirographaires n'ont aucun droit sur l'immeuble.

Et si nous recherchons quel est le motif qui a pu faire ainsi écarter les créanciers chirographaires, nous ne pou-

---

(1) *Trans.*, n° 186.

vons le trouver que dans cette idée : Quand une personne prête des capitaux à un emprunteur, elle peut se faire donner des sûretés pour garanties de sa créance. Si elle n'exige pas ces garanties, c'est qu'elle a suivi la foi de l'emprunteur, et, par conséquent, elle ne doit ni ne peut se plaindre des aliénations que peut faire le débiteur. Le but de la loi du 23 mars 1855 a été de protéger les créanciers hypothécaires et l'acquéreur contre les fraudes que pourrait commettre le vendeur ou le débiteur, par la raison bien simple qu'il doit garantie à l'un, et que l'autre n'a pas eu assez de confiance en lui, ce qui ne s'est pas produit pour les créanciers chirographaires.

Nous reviendrons plus tard sur ce point, et nous indiquerons les cas où la loi met les créanciers chirographaires aux prises avec les tiers acquéreurs.

Mais quelles sont donc les personnes qu'il faut ranger dans cette classification de tiers ?

C'est ce qui va faire l'objet de notre section II.

<h3 style="text-align:center">SECTION II.</h3>

Quelles sont les personnes comprises sous cette dénomination de tiers et qui peuvent opposer le défaut de transcription ?

La question est embarrassante, nous l'avouons ; aussi est-il impossible d'y répondre d'une façon nette et précise, et surtout en présence de la généralité des termes de l'art. 3. Aussi verrons-nous, en parcourant certaines hypothèses, les personnes que nous comprendrons sous cette dénomination.

Sont tiers, d'après l'art. 3 de la loi du 23 mars 1855,

ceex qui ont acquis des droits sur l'immeuble et qui les ont conservés en se conformant aux lois.

Supposons donc un donataire du vendeur qui a fait transcrire son acte de donation. Il est bien dans les conditions requises par l'art. 3 : il a acquis un droit sur l'immeuble, et il l'a conservé en se conformant aux lois, il est donc un tiers, et comme tel, il peut opposer le défaut de transcription.

Telle est notre opinion.

Cette question est intimement liée à celle de savoir si, dans le cas de deux donations successives d'un même immeuble, le second donataire, qui a fait transcrire son titre, peut opposer le défaut de transcription au premier donataire qui, lui, n'a pas fait transcrire ; question dont nous nous occuperons en traitant des actes à titre gratuit, et que nous résoudrons dans le sens de l'affirmative. Aussi, par analogie, nous donnons la même solution dans celle qui nous occupe en ce moment.

« Malgré les raisons qui militent en faveur du donataire, dit M. Troplong, on ne peut lui permettre d'opposer le défaut de transcription, car les principes du droit civil, les règles du code, auxquelles la loi du 23 mars 1855 n'a pas dérogé, et enfin l'esprit même de la loi de 1855, qui a été de favoriser le crédit foncier et de protéger ceux qui ont traité à titre onéreux, s'y opposent complétement. »

Voilà comment l'illustre magistrat motive sa décision, mais motiver n'est pas discuter, surtout lorsque les motifs donnés ne sont pas exacts.

En effet, reprenons-les.

Les principes du droit civil s'y opposent, nous dit-on. Mais, à la vérité, nous ne voyons pas en quoi les principes du code civil peuvent ainsi défendre au donataire d'opposer le défaut de transcription à l'acquéreur.

Le code subordonne l'exercice de certains droits à telle ou telle formalité, et il déclare que le premier qui les aura accomplies primera l'autre. Ce principe a toujours été admis dans le droit romain, de deux acquéreurs successifs, ou d'un acquéreur et d'un donataire du même objet, celui qui le premier avait été mis en possession de la chose par la tradition était préféré. De même dans les pays de nantissement on préférait celui qui avait été nanti le premier. Le code n'a pas changé de système, et, dans bien des cas, il préfère, sans distinguer, ceux qui se sont conformés aux lois, qu'ils soient acquéreurs à titre gratuit ou onéreux, à ceux qui ont négligé de s'y conformer.

Si nous prenons le texte de la loi du 23 mars 1855 art. 3, et si nous sommes obligés de reconnaître qu'en effet cette loi a été faite dans le but de protéger le crédit foncier, personne ne pourra nous contester qu'elle n'a fait aucune distinction entre les acquéreurs à titre gratuit et les acquéreurs à titre onéreux. Les termes sont généraux : « les tiers qui ont des droits sur l'immeuble et qui se sont conformés aux lois pour les conserver peuvent invoquer le défaut de transcription. »

Et croit-on par exemple que permettre à un acquéreur négligent de venir combattre les droits des donataires c'est rester dans l'esprit de la loi 1855? Non, nous ne croyons pas. La loi veut en effet développer et favoriser le crédit, cela est évident; mais, en décidant que les donataires ne peuvent opposer le défaut de transcription, c'est précisément au résultat inverse que l'on arrive. Le donataire, en effet, qui ne pourra compter sur une propriété incommutable, qui d'un jour à l'autre peut se voir dépouiller, se gardera bien d'améliorer, de cultiver le bien à lui donné; il l'abandonnera, le laissera dépérir, et les capitaux qu'il aurait employés à se créer un bien-être, là où peut-être il

aurait concentré toutes ses affections, il l'emploiera ailleurs
et sans utilité pour le crédit foncier. Et qu'on ne dise pas :
le donataire *certat de lucro castando,* tandis que l'acquéreur *certat de damno vitando.* Non, ici la position du
donataire peut être toute aussi digne d'intérêt, si ce n'est
plus que celle de cet acquéreur négligent qui n'a rien fait
pour assurer sa propriété. Le donataire comptant le bien
qu'il a reçu comme faisant partie de son patrimoine, puisqu'il a eu soin de se mettre en règle avec la loi, a pu faire
des dépenses considérables, en l'améliorant, ou bien, ce qui
est possible il l'a employé à l'établissement d'un de ses
enfants. Si le tiers acquéreur se représente au bout d'un
temps plus ou moins long, s'il revendique l'immeuble comme
sien et que le donataire ne puisse lui opposer le défaut de
transcription, c'en est fait de sa fortune : l'immeuble il ne
pourra le restituer en nature, il ne l'a plus, il sera dès lors
obligé d'en restituer la valeur, et pourra se trouver ainsi
ruiné. Une pareille injustice, car nous ne pouvons qualifier
autrement le résultat auquel l'on arriverait, n'a jamais pu
entrer dans l'esprit du législateur.

Mais là ne se bornent pas les objections de M. Troplong.
Il a, en effet, admirablement prévu toutes ces objections;
mais il n'y a pas répondu, se contentant d'affirmer. Il nous
dit: — « Ajoutez que l'acheteur aurait toujours l'action
Paulienne contre le donataire pour faire tomber une donation faite en fraude de ses droits. » Et comme il craint
fort qu'on ne lui dise qu'il n'y a nullement fraude dans
le sens de l'art. 1167, il se hâte d'ajouter : « Quoi,
le vendeur, après avoir engagé sa foi par la vente, après
avoir promis garantie, irait donner à un tiers la chose
vendue, et l'on ne verrait pas là une fraude caractérisée
qui, sans s'inquiéter de la complicité du donataire, fait
crouler la donation entre ses mains! Que gagnerait du

reste le donataire, ajoute-t-il, à opposer le défaut de transcription ? — Victorieux d'un côté il serait vaincu par l'action Paulienne, et ce serait le cas de lui appliquer la maxime : *Quem de evictione tenet actio eumdem agentem repellit exceptio.* »

Certes, nous nous associons de grand cœur à la juste indignation que M. Troplong éprouve en pensant à la mauvaise action du vendeur, et nous ne saurions trouver d'expressions assez énergiques pour flétrir, comme il le mérite, un pareil acte. Mais nous nous demandons si M. Troplong est réellement sincère lorsqu'il vient nous dire que le tiers acquéreur pourra établir qu'il y a fraude de la part du vendeur dans le sens de l'art. 1167. Il paraît oublier le principe qui régit toute la matière de l'action Paulienne. Il faut, pour qu'elle puisse être intentée, que le créancier prouve que le débiteur était insolvable au moment où il a fait l'acte et que cette insolvabilité rend tout recours impossible. Si le tiers acquéreur ne prouve pas ces deux choses, il ne peut faire annuler la donation, peu importe que le donataire ait été complice ou non.

Et quand on vient nous dire : « Quoi, le vendeur, après avoir engagé sa foi par la vente, après avoir promis garantie irait donner la chose à un tiers et l'on ne verrait pas là une fraude ! »

Assurément non, on ne peut voir là une fraude car si, au lieu de supposer une donation, nous supposions une seconde vente, est-ce que l'on refuserait au second acquéreur qui aurait fait transcrire le droit d'opposer le défaut de transcription ? Non, certes, personne n'oserait élever une pareille prétention, et pourtant ici la fraude serait bien plus grande, car le vendeur aurait pu toucher le prix deux fois et serait stellionataire.

Nous trouvons, du reste, dans un passage que nous citerons plus loin, à propos d'une autre question, ces mots de M. Troplong lui-même : « La publicité de la vente a été introduite dans l'intérêt de ceux qui ont contracté avec le vendeur, c'est la faveur de ces personnes qui l'a fait introduire, c'est donc à eux à s'en prévaloir. » On ne peut mieux se ranger à notre opinion, et certes M. Troplong ne paraît pas distinguer entre ceux qui ont contracté à titre onéreux ou à titre gratuit. Mais peut-on dire : c'est pour le besoin d'une autre cause qu'il s'exprime ainsi ?

Nous concluons donc et nous soutenons que le donataire d'un vendeur doit être rangé parmi les tiers, et peut invoquer le défaut de transcription.

Sous la loi de brumaire, le droit d'opposer le défaut de transcription appartenait à toute personne ayant contracté avec le vendeur, la loi de 1855 a été faite dans le même esprit bien que n'ayant pas reproduit exactement les mêmes termes. Aussi après avoir écarté les héritiers ou successeurs universels ou à titre universel, il faut décider que tous les ayants-cause du vendeur, autres que ceux qui le sont devenus en vertu d'un titre universel d'acquisition, sont tiers dans le sens de l'art. 3, qu'ils aient traité à titre onéreux ou à titre gratuit, peu importe.

Voilà, croyons-nous, la formule générale que l'on peut donner pour les ayants-cause directs du vendeur. Ainsi les créanciers hypothécaires du vendeur, les créanciers antichrésistes, celui à qui on accorde une servitude, les donataires du vendeur qui ont eu soin de faire transcrire leurs titres peuvent invoquer le défaut de transcription.

Passons maintenant à un autre ordre d'idées.

Nous avons dit plus haut que, malgré le silence de la loi de 1855, les personnes chargées de faire faire la transcription pour les incapables ne pouvaient point invoquer le défaut de transcription, il en est de même de leurs ayants-cause et du donateur.

Mais qui faut-il comprendre sous ces expressions, d'*ayants cause* des personnes chargées de faire faire la transcription ?

Nous verrons, sous le titre des actes à titre gratuit, que, malgré les termes de l'ordonnance de 1731, relative aux donations, la question est controversée de savoir si, sous cette expression d'*ayants-cause*, il faut entendre tous les successeurs universels ou même particuliers.

A l'égard des premiers, c'est-à-dire des successeurs universels ou à titre universel, la question n'est ni controversée ni controversable. Ce qui nous a fait décider négativement pour les héritiers universels ou à titre universel du vendeur nous fait décider de même pour les héritiers de ceux chargés de faire faire la transcription.

Mais pour les ayants-cause particuliers, ou les créanciers hypothécaires du mari, du tuteur, la question est controversée, comme nous l'indiquerons plus tard, malgré le texte de l'art. 941.

Mais, sous la loi de 1855, le doute est encore beaucoup plus fort, car ses termes sont si généraux qu'on ne peut, d'une manière certaine, en tirer un principe qui régisse notre hypothèse.

Prenons une espèce :

Pierre, tuteur de Paul, achète au nom de ce dernier, et avec les deniers de celui-ci, un immeuble de Jacques, il ne fait pas transcrire cet acte d'acquisition ; plus tard il achète de Jacques ce même immeuble en son propre nom, et il fait transcrire. Il est donc le vrai propriétaire, car rien n'indiquait que Jacques avait cessé de l'être. Il en serait de même si Jacques était venu à mourir, et que Pierre fût devenu son successeur, la première vente n'ayant pas été transcrite, Jacques, à l'égard des tiers, était censé être le véritable propriétaire, donc son représentant sera censé être comme lui le véritable propriétaire.

La même hypothèse peut se présenter pour le mari. Une femme a acheté de Jacques un immeuble, le mari chargé de faire transcrire cette vente ne le fait pas. A quelque temps de là, il achète lui-même le même immeuble et fait transcrire, ou, si nous le supposons, il devient l'héritier de Jacques; la première vente n'ayant pas été transcrite, il est censé être propriétaire comme Jacques.

Il est clair que, dans l'un comme dans l'autre cas, ni le tuteur ni le mari ne peuvent opposer le défaut de transcription au pupille ou à la femme, *nemo ex delicto suo meliorem suam conditionem facere potest.* De même leurs héritiers ou successeurs universels, ou à titre universel, ne peuvent le faire, voilà qui est certain.

Mais, comme nous pouvons le supposer, le tuteur, le mari, que tout le monde avait raison de croire propriétaires, ont consenti des droits ou bien ils ont aliéné l'immeuble. Les tiers qui ont traité avec eux croyant traiter avec les véritables propriétaires, pourront-ils opposer le défaut de transcription à la femme ou au mineur, en d'autres termes, doit-on comprendre ces personnes parmi les ayants-cause de l'art. 941, ou bien parmi les tiers de l'art. 3 de la loi de 1855.

M. Troplong (1) exclut aussi du droit d'invoquer le défaut de transcription les ayants-cause de celui qui était chargé de faire opérer la transcription, car, dit-il, « la publicité de la vente a été introduite dans l'intérêt de ceux qui ont contracté avec le vendeur, c'est la faveur de ces personnes qui l'a fait introduire, c'est donc à eux à s'en

----

(1) *Trans.*, n° 186.

prévaloir. Il n'en est pas de même des ayants-cause de celui qui était chargé de faire la transcription, la loi n'a point porté sur eux sa faveur, ce n'est pas pour eux qu'elle a stipulé. »

Mais les raisons données à l'appui de ce système sont loin d'être satisfaisantes. En premier lieu nous ne saurions voir comment la loi préfère les personnes qui ont contracté directement avec le vendeur à celles qui ont contracté avec les ayants-cause de ceux chargés de faire faire la transcription. On n'aperçoit nulle part cette distinction. On invoque, il est vrai, l'art. 3 de la loi de 1855 ; mais cet article est très-général, et bien loin d'exclure ces personnes, il leur semble au contraire favorable, le droit de se prévaloir du défaut de transcription est, en effet, accordé aux tiers qui ont acquis des droits sur l'immeuble en se conformant aux lois pour les conserver, la loi ne fait aucune distinction.

Et si maintenant on envisage la loi de 1855 dans son but et son esprit, tout est en notre faveur. Le législateur a eu en vue de protéger le crédit public ; or, mettre le créancier hypothécaire du mari ou du tuteur et l'acquéreur de ce même immeuble au rang des ayants-cause et leur enlever la faculté de faire respecter leurs droits, c'est évidemment aller à l'encontre de l'esprit de la loi de 1855. Et, du reste, la jurisprudence de la Cour de cassation est unanime (arrêts 4 janvier 1830 — 10 mars 1840) à reconnaître aux ayants-cause, à titre singulier, la qualité de tiers et à leur permettre d'invoquer le défaut de transcription. Nous reviendrons, du reste, sur cette question.

Il nous reste un point assez important à indiquer. Nous savons que la vente non transcrite est opposable au vendeur et à ses héritiers ; il faut décider, sans hésiter, qu'elle l'est aussi aux propres héritiers de ces derniers. Mais l'est-elle à leurs ayants-cause par acte entre-vifs.

Voici l'hypothèse :

Pierre vend un immeuble dont il est propriétaire à Primus qui ne fait pas transcrire ; Pierre, propriétaire apparent de l'immeuble décède, et Jacques, son héritier, ne connaissant pas la vente, et se croyant propriétaire, vend ou donne cet immeuble à Secundus qui fait transcrire.

Quant à Jacques, il est certain qu'il ne pourra pas plus que Pierre n'aurait pu le faire, opposer le défaut de transcription à Primus. Nous savons pourquoi ; mais Secundus se trouve compris dans les termes de l'art. 3 ; il est un tiers, puisqu'il a acquis des droits sur l'immeuble et qu'il s'est conformé aux lois pour le conserver. Aussi reconnaissons-nous à Secundus la qualité de tiers, et comme tel nous lui donnons le droit d'opposer le défaut de transcription.

Mais tel n'est pas l'avis de certains auteurs. D'excellents esprits admettent l'opinion contraire ; mais leur raisonnement est loin d'être concluant.

Pierre, disent-ils, a vendu l'immeuble, il n'en est donc plus propriétaire ; les héritiers ne peuvent pas opposer le défaut de transcription : n'ayant aucun droit sur cet immeuble, ils ne peuvent en conférer à personne : *nemo dat quod non habet.*

Mais qui ne voit que ce raisonnement n'a rien que de très-spécieux et qu'il manque de l'élément essentiel, la justesse.

En l'analysant avec attention ; voici où nous arrivons :

Un propriétaire a vendu un immeuble à une personne qui n'a pas fait transcrire son titre. Continue-t-il à vivre ? *Erga omnes,* il est encore propriétaire de cet immeuble ; il peut le vendre, le donner, consentir des droits réels.

Vient-il à mourir, tout change ; cette vente qui ne lui enlevait pas le droit d'aliéner l'immeuble, devient parfaite quoique non transcrite et ses héritiers qui ne sont autre chose que son image, n'ont plus aucuns droits sur cet immeuble. La propriété relative qu'avait l'acquéreur se transforme en une propriété absolue.

Voilà certes un résultat magique, un changement considérable opéré par la mort du vendeur et son effet est tellement surprenant, en vérité, qu'il est inadmissible.

Si le vendeur avait vendu l'immeuble une seconde fois à une personne plus diligente qui se serait empressée de faire transcrire son acte de vente, personne n'eût refusé à cet acquéreur le droit d'opposer le défaut de transcription au premier acquéreur. Mais si ce vendeur vient à mourir, ses héritiers, nous en convenons, ne pourront pas opposer le défaut de transcription ; mais s'ils aliènent l'immeuble, pourquoi ne pas assimiler les ayants-cause de ces héritiers au second acquéreur de tout à l'heure qui avait traité avec le vendeur? Leur situation est-elle si différente ? Nous ne le croyons pas. L'un, le second acquéreur, a traité avec le vendeur qui, bien que n'ayant plus la propriété de l'immeuble, conservait par l'effet de la loi le droit de l'aliéner encore ; les autres, les ayants-cause des héritiers, ont traité avec une personne qui n'était que le représentant, l'image du vendeur et qui avait autant de droit que son auteur. Or ce dernier pouvait conférer des droits qui, transcrits, étaient opposables à tous ceux qui, antérieurement, avaient acquis des droits mais qui ne les avaient pas conservés en se conformant aux lois. Pourquoi donc n'en serait-il pas de même de ses héritiers qui n'ont ni plus ni moins de droits que lui.

La raison, la seule raison valable qu'on oppose pour refuser le droit aux ayants-cause de l'héritier d'opposer le défaut de transcription est celle-ci : Ce serait, dit-on, une chose exorbitante que de transmettre aux héritiers le droit que loyalement la loi accorde au vendeur de dépouiller les tiers qui ont traité avec lui sans se conformer aux lois. Le droit d'être stellionataire est déjà si étrange dans la personne du vendeur qu'il faut bien se garder de l'étendre aux héritiers; il faut, au contraire, le resserrer, le limiter, et rester dans les termes de la loi.

Ce sont là des mots vides de sens ; car la loi ne parle pas plus du vendeur qu'elle ne parle des héritiers; elle est générale, c'est vrai, mais absolue dans ses termes, les tiers qui ont acquis des droits sur l'immeuble. La loi de 1855 en permettant au vendeur de rester propriétaire jusqu'à la transcription de l'acte qu'il a consenti en lui donnant le pouvoir exorbitant d'être stellionataire, n'a eu qu'un but : l'utilité publique, permettre aux tiers de connaître les changements de propriété. Or restreindre notre principe, c'est être en contradiction avec la loi. Etendons-le donc et les conséquences auxquelles nous arrivons sont au moins plus logiques que celles du système opposé ; car celui-ci est la ruine du crédit, il anéantit tout droit concédé, toute aliénation sur laquelle ont pu se baser des mutations sans nombre.

La même solution doit s'appliquer pour les mêmes raisons aux ayants cause des héritiers testamentaires.

SECTION III.

Des effets de la saisie faite par les créanciers chirographaires.

Nous arrivons maintenant au point le plus pratique peut-être de cette question, et qui à coup sûr n'est pas le plus facile, il s'agit de mettre les créanciers du vendeur en présence des tiers acquéreurs.

Nous savons que les créanciers chirographaires ont été écartés par la loi de 1855, et qu'ils ne sont pas des tiers dans le sens de cette loi ; pas de doute à cet égard, le rapport de M. de Belleyme, les termes mêmes de l'art. 3 de la loi de 1855 nous le prouvent. Mais, bien que chirographaires, ces créanciers ont le droit de faire saisir les biens de leurs débiteurs. Supposons donc des créanciers saisissants se trouvant en présence de tiers acquéreurs n'ayant pas fait transcrire leurs titres. Comment allons-nous régler ce conflit ?

Et d'abord, disons quelques mots des effets de la saisie:

Après le commandement fait, soit en vertu d'un jugement, soit en vertu d'un acte exécutoire, émané d'un notaire, on dresse un procès-verbal de saisie qui doit être dénoncé au tiers saisi, et transcrit dans les quinze jours de la saisie. Ces formalités accomplies, le bien se trouve entre les mains de la justice ; le propriétaire est dessaisi de son immeuble, et incapable de l'aliéner.

C'est une véritable incapacité dont est frappé le débiteur qui reste en possession de son immeuble, mais dont l'administration et la jouissance reçoivent une atteinte considérable. Et cela est si vrai que, si les créanciers craignent qu'il n'abuse encore de ses droits, ils peuvent déposséder le saisi par voie d'un recours en référé, et se faire mettre en possession de l'immeuble, ou le faire mettre en séquestre. Les créanciers sont donc, par l'effet de la saisie, nantis de leur gage, il n'ont plus rien à craindre de la part de leur débiteur, et les aliénations qu'il pourrait faire, à compter du jour de la transcription de la saisie, sont nulles, sans qu'on ait besoin de faire prononcer la nullité, à moins cependant que le tiers acquéreur n'offre de désintéresser tous les cré-

anciers saisissants, auquel cas la saisie n'ayant plus d'intérêt tombe et rend le propriétaire pleinement capable. Voilà,
en peu de mots, les effets immédiats de la saisie. Ceci dit,
voyons les différents cas qui peuvent se présenter :

Si le débiteur a aliéné l'immeuble et que cette aliénation
n'ait acquis date certaine que postérieurement à la transcription de la saisie, nul doute que celle-ci aura la préférence, à moins que le tiers acquéreur ne désintéresse les
créanciers.

Il n'y a pas à distinguer si la saisie a été faite par un
créancier hypothécaire ou simplement chirographaire.

Si l'aliénation a été transcrite antérieurement à la saisie,
celle-ci ne pourra suivre son cours.

Mais, si l'aliénation qui a acquis date certaine antérieurement à la saisie, n'a été transcrite que postérieurement à
la transcription de la saisie, que décider dans ce cas ?

Voilà où réside la difficulté, et la question peut se ramener à celle-ci : Les créanciers qui ont saisi peuvent-ils
être rangés dans la catégorie des tiers de l'art. 3 de la loi
ou 23 mars 1855, et, comme tels, capables d'opposer le défaut de transcription ? Sur ce point trois systèmes.

Le premier système accorde, sans distinction, aux créanciers chirographaires ou hypothécaires le droit d'opposer
le défaut de transcription.

Le second système ne distingue pas davantage entre les
créanciers soit chirographaires, soit hypothécaires, et
refuse aux uns et aux autres le droit d'opposer le défaut
de transcription.

Le troisième système, système intermédiaire, distingue
entre les créanciers chirographaires et les créanciers hypothécaires. Il refuse aux premiers le droit d'opposer le défaut
de transcription et l'accorde aux seconds.

Entre ces trois systèmes, nous n'hésitons pas à choisir le

second. C'est là, en effet, que nous trouvons la véritable pensée de la loi, en admettant ce système, nous restons fidèles aux vues du législateur de 1855.

Mais, avant d'exposer les arguments à l'appui du système que nous admettons, nous devons faire remarquer qu'entre le second et troisième système il n'y a qu'une différence, c'est en ce qui concerne les créanciers hypothécaires. Jusque là ce système invoque les mêmes arguments que le nôtre. C'est donc le premier seul qui ne distingue pas entre les créanciers chirographaires et hypothécaires, que nous devons combattre, nous réservant de réfuter le troisième, quand il s'éloignera de notre manière de voir.

Le système que nous entreprenons de réfuter a pour lui, il est vrai, un bien petit nombre d'auteurs. Mais ils rachètent par la force de leurs arguments et la valeur qui s'attache à leur nom leur faiblesse numérique.

Examinons les arguments présentés à l'appui de ce système.

L'art. 686 du Code de procédure civile porte :

« La partie saisie ne peut, à compter du jour de la transcription de la saisie, aliéner les immeubles saisis à peine de nullité. »

Donc, si la nullité est absolue, c'est qu'elle n'a pas pour cause l'incapacité du saisi ou une présomption de fraude, car l'incapacité et la fraude n'engendrent que des nullités relatives. La cause de cette nullité est la perte d'une portion du droit de propriété, d'une partie de l'*abusus*, dont la saisie dûment transcrite a dépouillé le saisi de telle sorte que la vente par lui consentie est consentie *a non domino*.

Et, de plus, la saisie a dépouillé le saisi non-seulement de l'*abusus* mais encore de l'*usus* et *du fructus*. L'art. 682 dit, en effet, «que les fruits naturels et industriels, recueillis postérieurement à la transcription, ou le prix qui en proviendra, seront immobilisés pour être distribués avec le prix de l'immeuble par ordre d'hypothèque. Donc, si la saisie dûment transcrite a enlevé au saisi la majeure partie des attributs du droit de propriété, comment soutenir alors que les saisissants n'ont pas acquis ce que le saisi a perdu ? Et puis, ajoutent ses auteurs, dans le système adverse on peut être enfermé dans un cercle vicieux. Supposons, en effet, qu'un même immeuble soit l'objet d'une saisie transcrite et de deux ventes successives, l'une antérieure à la transcription de la saisie, mais non transcrite, l'autre postérieure, mais transcrite. La première vente l'emporterait sur la saisie, mais la seconde vente l'emporterait sur la première, puis la saisie à son tour l'emporterait sur la seconde vente, comment sortir de cette impasse ?

Entre un acquéreur et un créancier saisissant, même simple chirographaire, la préférence est due à celui qui le premier a fait transcrire. Du reste, le créancier saisissant, quel qu'il soit, en faisant transcrire, obtient un droit réel sur l'immeuble, son droit personnel se trouve dès lors transformé en un droit réel.

Ce sont là les principaux arguments du système de nos adversaires. Mais, avant d'y répondre, posons bien les principes que nous admettons.

Les créanciers chirographaires d'un vendeur ne peuvent point opposer le défaut de transcription à un tiers acquéreur.

L'art. 3 de la loi du 23 mars 1855 est formel à cet égard; les paroles du rapporteur M. de Belleyme ne laissent aucun doute. Le motif nous l'avons déjà donné; le créancier, en n'exigeant pas de garantie, a suivi la foi de son débiteur. Il lui laisse le pouvoir de s'obliger, d'aliéner, en un mot de faire tous les actes de propriété, comme auparavant. Il est vrai qu'aux termes de l'art. 2092 tous les biens sont le gage des créanciers ; mais le gage général subit toutes les variations de la fortune du débiteur ; aussi tout bien qui entre dans son patrimoine est le gage des créanciers ; tout bien qui vient à en sortir est perdu pour eux.

Lorsque le débiteur fait une vente d'un immeuble, cette vente non transcrite est parfaite entre les parties, par suite cet immeuble est sorti du patrimoine du vendeur et dès lors il n'est plus le gage de ses créanciers. Ceux-ci, pas plus que le vendeur, ne pourront opposer le défaut de transcription. Ce que nous venons de dire est applicable aux créanciers antérieurs à la vente. Supposons donc qu'après la vente le débiteur contracte de nouveaux emprunts sans donner de garantie, ces nouveaux créanciers n'auront pas pu compter sur cet immeuble parce qu'il n'était plus dans le patrimoine de leur débiteur au moment où ils ont contracté avec lui, ils ont en contractant ratifié pour ainsi dire la vente.

En cet état de choses, supposons qu'une saisie soit faite par des créanciers chirographaires, et que la vente faite antérieurement n'ait pas été transcrite, les créanciers saisissants pourront-ils opposer le défaut de transcription ? D'après ce que nous venons de dire, il est impossible de leur accorder ce droit : car le bien qu'ils ont saisi n'était plus dans leur gage, or la saisie qui se fonde sur un droit qui n'existe pas est de nul effet, la transcription de cette saisie ne peut donner la vie à un acte mort-né. Si, au contraire, nous supposons que la saisie ait précédé la vente comme le saisi peut vendre l'immeuble tant que la saisie n'a pas été transcrite, l'article 686 n'a plus d'application. Donc la vente a dépouillé le vendeur et ses ayants-cause, c'est-à-dire les créanciers chirographaires ; car la saisie ne confère un droit aux créanciers qu'après sa transcription. Dès lors quand bien même nous admettrions avec le sys-

tème adverse que la saisie fait subir un véritable changement
au droit des créanciers, qui de personnel deviendrait
réel, nous croyons qu'il faudrait donner la même solution,
car quel que soit le pouvoir de métamorphoser ainsi les
droits que l'on reconnaisse à la saisie, on ne peut faire
qu'un acte nul ait un effet quelconque. Et du reste si cela
ne suffisait pas, si on voulait encore nous opposer l'art. 686
et nous dire que cet article annule les actes passés postérieurement à la transcription du procès-verbal de la saisie,
parce que la saisie confère un droit réel, nous répondrions
que ce n'est pas pour cette raison mais parce qu'il y a une
présomption de fraude très-grande, et que c'est pour nuire
à ses créanciers que le débiteur agit ainsi, alors on rentre
dans l'application de l'art. 1167. Et dire que la nullité n'a
pas besoin d'être prononcée c'est parce qu'elle n'a pas pour
cause l'incapacité du saisi ou une présomption de fraude qui
n'engendrent que des nullités relatives, c'est assurément
forcer le sens de cet article. Quelle autre raison en effet
donner de cette nullité absolue, si ce n'est d'abord l'incapacité où se trouve le saisi, et en second lieu les difficultés
et les procès auxquels donnerait lieu la preuve à faire
de la fraude. C'est pour épargner des frais de procédure et des
lenteurs que le code de Pr. civ. a ainsi diposé, car quel débiteur
ne manquerait pas d'alléguer qu'il n'y a pas fraude de sa part.

Ce que nous avons dit des créanciers chirographaires,
nous le dirons aussi des créanciers hypothécaires. Sans
doute les créanciers hypothécaires ont un droit réel; mais ce
droit réel n'est point celui qui est ici mis en question, car
il ne donne pas au créancier la faculté de méconnaître les
aliénations émanant de son débiteur; mais seulement de
poursuivre en délaissement les tiers acquéreurs, ce qui est
bien différent. L'acquéreur jouissait dans ce cas du bénéfice de discussion et du droit de purge. Dès lors la saisie du

créancier hypothécaire qui prive l'acquéreur de ce double bénéfice ne pourra prévaloir que si elle a conféré par elle-même au saisissant un droit nouveau distinct du droit d'hypothèque incompatible avec celui de l'acquéreur et suffisant en lui-même pour permettre à celui qui en est investi d'opposer le défaut de transcription, droit que nous refusons énergiquement à la saisie même transcrite.

Ainsi la vente, bien que non transcrite, fait sortir du patrimoine du vendeur l'immeuble qui en a été l'objet et ses créanciers soit chirographaires soit hypothécaires qui auront opéré une saisie même transcrite ne pourront donner cours à leurs poursuites, car, dès le principe, leur action est nulle, l'objet de cette action n'étant plus la propriété de leur débiteur et par suite ayant cessé d'être leur gage.

Et quand l'on suppose qu'un même immeuble est l'objet d'une saisie transcrite et de deux ventes successives, l'une antérieure à la transcription de la saisie, mais non transcrite, l'autre postérieure, mais transcrite, on verra notre système renfermé dans un cercle vicieux, dont on ne pourra pas sortir. Nous répondrons, avec M. Dalloz, que cette difficulté est purement imaginaire, car, d'après ce que nous venons de dire, il faut éliminer un des éléments du conflit, c'est-à-dire la saisie qui tombe en présence de la première vente, puisqu'elle n'avait pas de raison d'être, faute d'objet ; dès lors, les deux ventes se trouvent en présence, et nous savons à laquelle il faut donner la préférence (1).

Quant au système qui distingue entre les créanciers hypothécaires et chirographaires, nous croyons qu'il faut aussi complétement le repousser.

---

(1) *Dalloz*, 58-2-161.

Les termes de l'art. 686 ne distinguent pas si la saisie a été faite par des créanciers chirographaires ou hypothécaires, et, de plus, la loi de 1855 ne fait pas de distinction.

Il est vrai que le créancier hypothécaire a un droit réel ; mais ce n'est pas en vertu de ce droit réel qu'il a pratiqué la saisie, tout ce que lui confère son hypothèque c'est un droit de suite sur l'immeuble entre les mains des tiers acquéreurs.

APPENDICE.

Pour être complet en cette matière, nous croyons devoir dire quelques mots des personnes qui peuvent se voir opposer un bail quand la loi le soumet à la transcription.

L'art. 3 de la loi de 1855 ajoute :

Les baux qui n'ont point été transcrits ne peuvent jamais leur être opposés (aux tiers) pour une durée de plus de 18 ans.

Ecartons d'abord les créanciers chirographaires.

L'art. 3, nous le savons, a été rédigé en vue de les écarter, et cela même, d'après notre opinion, au cas où ils auront pratiqué une saisie.

Nous n'avons donc à nous occuper que des tiers acquéreurs, soit à titre gratuit ou à titre onéreux, et des créanciers hypothécaires inscrits.

Supposons donc un bail de 36 ans et la vente de l'immeuble. Si ce bail a été transcrit avant la vente, il sera opposable pour toute sa durée, il ne le sera que pour 18 ans si la vente a été transcrite avant le bail.

Si nous supposons, au contraire, qu'un bien est vendu, puis donné à bail, le preneur fait transcrire son titre avant l'acheteur. Dans cette hypothèse, le bail est opposable à l'acheteur pour toute sa durée. Ce n'est pas la manière de voir de M. Mourlon, il fait l'hypothèse suivante :

« « Vente d'un immeuble. Postérieurement à la vente, bail du même immeuble par le vendeur. Si la transcription de la vente précède celle du bail, le droit du preneur restera complétement nul à l'égard de l'acheteur. Mais l'acheteur le devra-t-il subir, au contraire, s'il n'a fait transcrire son titre qu'après que le preneur a fait transcrire le sien ? A première vue, ajoute-t-il, l'affirmative paraît incontestable; mais je la repousse, car la vente a son parfait effet sans transcription, contre le vendeur et ses ayants-cause, ses créanciers chirographaires, par exemple. » Donc toute la question revient à savoir si le preneur a un droit acquis sur l'immeuble. Or, dit M. Mourlon, le droit n'est pas possible, le preneur n'a qu'un droit personnel.

Le droit est personnel, et telle est notre opinion, malgré les arguments puissants et le talent de l'éminent magistrat qui a voulu faire prévaloir la réalité de droit du preneur, nous croyons qn'il faut repousser ce système; mais nous n'avons pas à le discuter ici; admettons donc la personnalité du droit du preneur, et voyons si elle est contraire à l'application de la loi de 1855 en notre matière.

Et, d'abord, que le droit soit réel, qu'il soit personnel, est-il, oui ou non, soumis à la transcription? Nul ne peut en douter, la loi est formelle; c'est donc une exception au principe que seuls les actes translatifs de propriété immobilière devront être soumis à la transcription, et M. de Belleyme, dans son rapport, ne nous dit-il pas que, bien que ce soit une invasion faite dans le domaine des droits personnels, l'utilité de la transcription s'est fait sentir à un tel degré qu'on n'a pu s'empêcher d'y soumettre ces actes.

Donc, pas de doute; le droit du preneur, quoique personnel, est soumis comme les droits réels à la transcription. Or, nous savons que de deux actes soumis à la transcription, celui qui a été transcrit le premier prime l'autre, et l'art. 3 de la loi de 1855 porte : Jusqu'à la transcription les droits résultant des actes et jugements énoncés dans les articles précédents ne peuvent être opposés aux tiers qui ont des droits sur l'immeuble et qui se seront conformés aux lois pour les conserver.

Le preneur, dès lors, est bien dans le cas voulu pour opposer le défaut de transcription au vendeur ; du reste, le mot réel n'est pas dans la loi. On sait que c'est sur la proposition de M. Rouher qu'il fut supprimé, précisément à cause de l'exception que contient la loi de 1855 sur les droits personnels ; ce mot fut remplacé par ceux-ci : *qui ont des droits sur l'immeuble.*

Serait-il juste que l'acheteur, qui a fait transcrire son titre avant le preneur, pût, nonobstant l'art. 1743, opposer le défaut de transcription au preneur, et que celui-ci ne pût, à son tour, opposer le défaut de transcription au vendeur s'il a fait transcrire avant lui ? Non, certes. Nous concluons donc, et nous disons : Deux personnes ayant traité avec le propriétaire, et étant obligées toutes deux de faire transcrire, nous devons donner la préférence à celle qui, la première, aura acquis un droit sur l'immeuble et qui se sera conformée aux lois pour le conserver.

Devons-nous donner la même solution pour les créanciers hypothécaires inscrits ? Nous ne le croyons pas.

La question ne présentera de l'intérêt que si nous nous plaçons dans l'hypothèse où les créanciers sont inscrits antérieurement au bail. Car, si nous supposons que des créanciers prennent leur inscription après que le bail est passé et transcrit, évidemment la question ne peut se présenter ; ils seront obligés de subir le bail. Si, au contraire, nous supposons que le bail soit passé avant, mais transcrit après l'inscription de l'hypothèque, la loi s'appliquera ; les créanciers ne devront le subir que pour les 18 ans.

Il faut donc supposer que des créanciers sont inscrits sur un immeuble, qu'ensuite il survient un bail qui est transcrit. A qui donnerons-nous la préférence? La question est fort controversée. M. Duclos fit remarquer, dans la discussion qui eut lieu au Corps législatif, que les termes généraux qu'employait la loi, bien loin de protéger le crédit, lui portaient au contraire une grave atteinte, et voici son raisonnement qui, certainement, ne manquait pas d'une certaine justesse, mais qui était exagéré : « Déclarer, disait-» il, qu'à défaut de leur transcription, les baux à long terme » ne peuvent être opposés pour plus de 18 ans aux tiers » qui ont sur l'immeuble des droits acquis et conservés ; » c'est, par un raisonnement *à contrario*, reconnaître » qu'au cas où ils sont transcrits, ces mêmes tiers les doi-» vent subir pour toute leur durée, si longue qu'elle soit. » Alors, les baux passés et transcrits postérieurement aux » hypothèques acquises et conservées sur l'immeuble de-» vront être maintenues pour le tout à l'encontre des créan-» ciers inscrits. S'il en est ainsi, il n'y aura plus de prêts » possibles, et le crédit hypothécaire que l'on veut déve-» lopper se trouve anéanti. Pourquoi, dans ce cas, ne pas » faire une disposition qui déclare que les baux ne peu-» vent être opposés au delà des limites des actes de simple » administration, c'est-à-dire pour neuf ans. » (Séance du » 15 janvier 1855 — *Moniteur* du 17). »

Il fut répondu à cette observation que les dispositions de la loi avaient été élaborées par les hommes les plus compétents qui n'avaient pas trouvé les obscurités signalées. Un autre membre du corps législatif, M. Allart, répondit que : « Dans le cas où les baux et quittances seraient antérieurs » à la vente ou à l'hypothèque, il n'est rien innové au droit » existant. Si le bail est postérieur à l'inscription de l'hypothèque il est évident qu'ils ne peuvent avoir aucun effet. » (Séance du 15 janvier 1855, *Moniteur* du 17).

Ainsi, à ne s'en tenir qu'à ces observations et à ces réponses, nous trouvons deux systèmes : l'un, celui de M. Duclos qui rend le bail opposable aux créanciers inscrits même antérieurement pour toute sa durée, le second, celui de M. Allart qui, lui, allant dans un excès contraire, décide que le bail ne sera pas du tout opposable à ces créanciers.

Entre ces deux systèmes extrêmes qu'il ne faut accepter ni l'un ni l'autre, nous croyons que ce qui est plus sage et surtout qui rentre mieux dans l'esprit du législateur, c'est de décider que, dans notre hypothèse, les baux ainsi passés et transcrits seront opposables aux créanciers inscrits pour la période fixée par la loi de 1855 pour 18 ans, puisqu'en deçà de ce terme ils ne sont pas soumis à la transcription. C'est là du reste l'opinion de presque tous les auteurs.

La loi soumet à la transcription les quittances et cessions de sommes équivalentes à trois années de loyers ou de fermages non échus. Donc, si ces quittances ou cessions n'ont pas été transcrites, elles ne seront pas opposables aux tiers qui ont acquis des droits sur l'immeuble et qui les ont conservés en se conformant aux lois.

Une personne achète un immeuble et trouve un fermier dont le bail est moindre de dix-huit ans, et qui a date certaine, elle ne pourra l'expulser ; mais quand l'acquéreur voudra se faire payer, le fermier ne pourra lui opposer une quittance constatant qu'il a payé au moins trois années, si cette quittance n'a pas été transcrite.

CHAPITRE III

Des effets de la transcription, relativement aux donations entre vifs.

NOTIONS HISTORIQUES SUR L'INSINUATION DANS L'ANCIEN DROIT.

L'insinuation appliquée aux donations apparaît, comme nous l'avons dit, pour la première fois dans l'ordonnance de Villers-Coterets du mois d'août 1539, confirmée par l'ordonnance de Moulins du mois de février 1566 art. 57 et 58, et par la déclaration du 16 septembre 1652. C'est surtout dans les ordonnances importantes de 1731 et 1747 que cette matière est réglée. Nous savons que cette formalité de l'insinuation fut introduite dans le droit romain par une constitution de l'empereur *Constance Chlore*, elle était exigée pour toute donation excédant 500 *solidi*. Malgré l'opinion de M. de Savigny, qui pense que cette formalité est restée en usage en Occident jusqu'au ix siècle, il n'est pas douteux qu'elle tomba en désuétude, et que ce n'est qu'en 1539 qu'elle apparaît dans notre droit comme une formalité indispensable à la validité d'une donation.

Le motif de cette formalité est, comme nous le dit Pothier, de faciliter à ceux qui contractent avec le donateur le moyen de s'assurer s'il est véritablement le propriétaire de la chose, et s'il n'y a pas de donations antérieures. C'est surtout dans le but de rendre la donation publique et de protéger les tiers, que cette formalité a été introduite.

Toutes les donations étaient soumises à l'insinuation, bien que des doutes se fussent élevés parmi les anciens auteurs, au sujet des donations rémunératoires et des donations mutuelles. Mais l'ordonnance de Moulins avait décidé qu'elles y seraient soumises, et, malgré l'opinion de Ricard qui a soutenu que, lorsqu'il y avait parfaite égalité de part et d'autre, ces actes n'ayant des donations que le nom n'étaient pas soumis à l'insinuation, il faut décider, avec l'ordonnance de Moulins, qui du reste a été confirmée en termes très-précis par l'ordonnance de 1731, que les donations mutuelles seraient sujettes à l'insinuation, alors même qu'elles seraient parfaitement égales.

Quant aux donations par contrat de mariage, pour savoir si elles sont soumises à l'insinuation, des distinctions sont indispensables.

L'ordonnance de 1731, art. 10, exceptait de la nécessité de l'insinuation les donations faites par un ascendant à l'un des conjoints, car il ne fait qu'accomplir une obligation naturelle qui est de doter ses enfants ; ce sont les seules, du reste, qui ont été exceptées de cette formalité; celles faites par les ascendants, autrement que par contrat de mariage, sont soumises à l'insinuation, l'ordonnance est formelle.

Si la donation est faite à l'un des conjoints par toute autre personne qu'un ascendant, il faudra qu'elle soit insinuée.

Quant aux donations faites par les conjoints entre eux, nul doute qu'elles ne fussent soumises à l'insinuation. Quant aux donations mobilières, elles étaient dispensées d'insinuation lorsqu'il y avait une tradition réelle, car les meubles n'ont pas de suite par hypothèque, et lorsque, sans tradition réelle, la valeur des objets n'excédait pas mille livres, elles étaient de même dispensées de l'insinuation, car elles étaient considérées comme modiques. Les donations étaient soumises à l'insinuation sans avoir égard aux personnes à qui et par qui elles étaient faites, excepté, toutefois, lorsque le roi en recevait ou en faisait une.

L'insinuation devait se faire dans les greffes des juridictions royales du domicile du donateur et du lieu où les choses données étaient situées. Mais, en 1703, un édit créa des greffes d'insinuation, et ce fut là que l'on fut obligé de faire insinuer les donations. Une déclaration du 10 novembre 1717 trancha une discussion qui existait depuis qu'il avait été permis aux greffiers des insinuations d'établir des bureaux d'arrondissement dans les justices des seigneurs; c'était la question de savoir si l'on pouvait faire valablement les insinuations dans ces bureaux. Et elle décide qu'ainsi faite l'insinuation est valable. Mais la déclaration de 1731 ne permet plus de faire insinuer qu'aux greffes des insinuations établies près des juges royaux.

L'insinuation consistait dans la transcription littérale sur les registres disposés à cet effet de l'acte de donation. L'insinuation était requise moins au point de vue de la transmission que pour la perfection de la donation. En droit romain, nous avons vu le législateur préoccupé de l'intérêt du donateur, des héritiers, de la famille; en un mot, il fallait éviter autant que possible que l'on fît des donations dont on eut à rougir. Aussi toute personne, le donateur lui-même, pouvait invoquer le défaut d'insinuation. D'après nos anciennes ordonnances, c'est le donateur seul qui se trouvait engagé, et ses héritiers pouvaient invoquer le défaut d'insinuation, lui ne le pouvait jamais, c'est là une différence importante entre le droit romain et l'ancien droit français.

Nos anciennes ordonnances fixaient un délai dans lequel l'insinuation devait être faite. C'était, dans les quatre mois du jour de la date de la donation pour les biens situés dans le royaume, et, dans les six mois, pour ceux qui sont hors du royaume. (Ord. de Moulins.)

Et ce délai avait une grande importance, car tant que le

délai n'était pas expiré, la donation ne produisait d'effet qu'à l'époque de l'insinuation, si bien que, si le donateur était mort avant l'expiration du délai de quatre mois, les héritiers devaient s'attendre à voir chaque jour insinuer la donation faite par leurs auteurs, et l'insinuation faite ainsi dans le délai à un effet rétroactif au jour du contrat. Aussi peut-elle avoir lieu même après la mort du donateur, et les tiers qui auront contracté dans l'intervalle de la donation à l'insinuation, ne pourront pas se prévaloir contre le donataire des droits par eux acquis du donateur.

Si l'insinuation se fait après le délai, alors elle n'est pas inutile, mais elle n'a d'effet qu'à partir de la date de l'insinuation, et il faut qu'elle soit faite du vivant du donateur. Ainsi, tous ceux qui auront acquis des droits antérieurement à l'insinuation conserveront leurs droits, nonobstant l'insinuation. Quant à ceux qui auront contracté depuis et aux héritiers, le donataire n'aura rien à craindre d'eux.

Si l'insinuation était faite après les délais et après la mort du donateur, son effet était nul. L'art. 26 de l'ord. de 1731 dit que peu importe que l'insinuation se fasse du vivant du donateur, même après le décès du donataire.

Quant au point de savoir qui pouvait opposer le défaut d'insinuation, la question est facile à résoudre sous l'empire des ordonnances. Leur but avait été de rendre publiques les donations et de sauvegarder l'intérêt des tiers et des héritiers. Par conséquent, à l'exception du donateur, toute personne ayant intérêt à invoquer la nullité de la donation pouvait opposer le défaut d'insinuation.

Tel était l'état de notre ancien droit au sujet de l'insinuation des donations ; les lois de la révolution le maintinrent tel qu'il était. L'insinuation devait être faite au greffe du bailli (loi 22, frimaire an VII). Mais l'état de la législation changea ; la loi du 11 brumaire an VII exigea de plus pour les donations de biens susceptibles d'hypothèque, la transcription de la donation. Ainsi toutes les donations sont soumises à l'insinuation, de plus toute donation de biens susceptibles d'hypothèque est soumise à la transcription ; il y avait là cumul de deux formalités tendant au même but mais d'origines diverses.

Les rédacteurs du code ne mirent pas en doute sous l'influence des traditions que l'on dût prescrire une certaine publicité en matière de donation. Mais fallait-il maintenir la publicité résultant de l'insinuation d'une part ? ou bien maintenir celle résultant de la transcription d'autre part ? Il fallait ou les maintenir cumulativement ou opter entre ces deux modes de publicité. Chacun de ces deux systèmes avait ses avantages, mais avait aussi ses inconvénients ; nous avons signalé les différences qui les séparaient, nous n'y reviendrons pas.

Le projet de la commission du gouvernement art. 55 au titre des donations maintenait l'insinuation et laissait de côté la transcription, ne voulant pas le cumul des deux formalités.

La discussion au conseil d'Etat fit prévaloir une autre opinion, la transcription seule fut maintenue et ce qui motive cette opinion, c'est que les donations reçoivent une publicité particulière par la voie de la transcription.

L'art. 939 du C. civ. s'exprime ainsi :

« Lorsqu'il y aura donation de biens susceptibles d'hy-
» pothèque, la transcription des actes contenant la dona-
» tion et l'acceptation ainsi que la notification de l'accep-
» tation qui aurait eu lieu par acte séparé, devra être faite
» aux bureaux des hypothèques dans l'arrondissement
» desquels les biens sont situés. »

Ainsi les seules donations soumises à la transcription sont celles comprenant des biens susceptibles d'hypothèque. Le législateur du code s'éloigne ici d'une manière notable de l'ancien droit. Ainsi quand il s'agira de donations d'objets mobiliers il n'y aura plus de publicité ; mais nous ferons remarquer que la transcription n'est pas nécessaire pour toutes les donations d'immeubles, ce ne sera que pour les donations d'immeubles susceptibles d'hypothèque. L'art. 2118 les énumère. « Sont seuls susceptibles d'hypothèque. 1° Les biens immobiliers qui sont dans le commerce et leurs accessoires réputés immeubles. 2° L'usufruit des mêmes biens et accessoires pendant le temps de sa durée.

Il résulte de cette énumération que tous les autres biens immeubles, notamment les servitudes, les droits d'usage, d'habitation, et les actions immobilières ne sont pas susceptibles d'hypothèque. Dès lors, à nous en tenir à l'article 939, une donation de servitude, de droit d'usage, ou d'habitation, d'une action immobilière ne serait pas soumise à la transcription. Cependant, nous indiquons ici qu'on a soulevé la question de savoir si, nonobstant les termes de l'art. 939 il ne fallait pas soumettre à la transcription les donations de servitudes prédiales, de droit d'usage et d'habitation. Pour nous, nous ne croyons pas que, si l'on s'en tient à l'art. 939, on puisse décider que l'on doit soumettre ces donations à la transcription bien que la logique en soit profondément outragée ; mais à ne consulter que la loi du 23 mars 1855, il faut sans hésiter décider qu'elles y sont soumises. On a encore soulevé la question pour les donations connues sous le nom d'institution contractuelle, nous croyons aussi qu'elles sont soumises à la transcription.

Nous nous sommes étendus un peu longuement peut-être sur ces préliminaires, mais nous les croyons indispensables pour l'intelligence de ce qui va suivre, c'est, ce qui sera notre excuse.

Nous devons nous occuper maintenant, comme nous

l'avons fait pour les actes à titre onéreux, de rechercher quelles sont les personnes qui peuvent opposer le défaut de transcription d'une donation qui devait être transcrite.

C'est ici assurément le point le plus délicat de la matière pour ne pas dire le plus difficile, et l'embarras que l'on éprouve à donner des solutions exactes provient justement de ce que l'on ne peut savoir au juste à quel point de vue s'est placé le legislateur ? A-t-il voulu suivre le système de la loi de brumaire ? ou bien a-t-il entendu retracer les règles de l'insinuation ?

Nous croyons qu'en principe le législateur a suivi le système de la loi de brumaire, pour s'en détacher cependant en un point notable.

Lisons l'art. 941.

« Le défaut de transcription pourra être opposé par » toute personne ayant intérêt, excepté toutefois celles qui » sont chargées de faire faire la transcription ou leurs ayauts » cause et le donateur. »

Voilà, certes, une formule large : « Toute personne ayant intérêt, » il semblerait, à ne consulter que les termes de cet article, que, toutes les fois que nous aurons à décider si telle ou telle personne peut invoquer le défaut de transcription, nous n'aurons qu'à rechercher si elle a un intérêt à le faire. Si oui, nous devrons la ranger parmi les personnes pouvant invoquer le défaut de transcription, si, au contraire, elle n'a pas intérêt, nous devrons lui refuser ce droit. Mais les choses sont loin de se passer avec une aussi grande simplicité, et c'est précisément des termes larges de cet article que naissent toutes les difficultés que nous allons étudier.

Et, d'abord, lisons-nous : « Peuvent invoquer le défaut de transcription tous ceux qui y ont intérêt, excepté ceux qui sont chargés de faire faire la transcription, leurs ayants-cause et le donateur. » Cette exception n'est certes pas une

Innovation, car, dans l'ancien droit, nous le savons, le donateur ne pouvait pas se prévaloir du défaut d'insinuation.

Les termes de la loi s'écartent bien de ceux de la loi de brumaire, art. 26, qui disait : «Jusqu'à la transcription les actes non transcrits ne pourront être opposés aux tiers. » Mais au contraire ils résument l'art. 27 de l'ord. de 1731. Ce rapprochement de textes nous fait voir que le législateur a suivi l'esprit de l'ordonnance de 1731.

Faisons l'application de la formule de la loi aux différentes personnes à qui nous devons accorder ou refuser le droit d'opposer le défaut de transcription.

SECTION 1

Quelles sont les personnes qui peuvent opposer le défaut de transcription.

Prenons tout d'abord les tiers acquéreurs ou les créanciers hypothécaires du donateur. L'hypothèse prévue et qui se représentera toujours la même est la suivante :

Une personne donne un immeuble, le donataire ne fait pas transcrire, le donateur vend, donne, ou hypothèque son immeuble à d'autres personnes qui donnent la publicité à leurs droits; celles-ci peuvent-elles opposer le défaut de transcription?

Si nous parlons en premier lieu des tiers acquéreurs, des créanciers hypothécaires, c'est à dessein, car c'est précisément dans leur intérêt que le législateur a édicté la formalité de la transcription; et si cette raison qui est indiscutable ne suffisait pas, nous pourrions invoquer un argument de texte qui lui serait irréfutable.

L'art. 1070 nous dit :

« Le défaut de transcription de l'acte contenant la disposition pourra être opposé par les créanciers et tiers acquéreurs, même aux mineurs ou interdits, etc.... »

Cet article s'exprime clairement, il dit les créanciers et tiers acquéreurs, et, qui plus est, il semble ne pas distinguer entre les créanciers hypothécaires et les créanciers chirographaires; mais telle n'est pas la question en ce moment, nous la retrouverons plus tard. Qu'on ne dise pas qu'étant placé au titre des substitutions, cet article ne peut être invoqué en matière de donation ; l'objection ne serait pas sérieuse, car la manière dont est conçu cet article, prouve qu'il est général et qu'il s'applique aussi bien à notre cas qu'à celui pour lequel il a été fait.

Examinons avec soin ce qui se passe dans notre hypothèse.

Pierre donne un immeuble à Primus, qui ne fait pas transcrire la donation. Quelque temps après, Pierre vend cet immeuble à Secundus qui, lui, fait transcrire. Primus peut-il dire à Secundus: Mon titre est antérieur au vôtre, par conséquent je suis propriétaire? Non, Secundus lui répondra : Par suite de la donation, Pierre avait cessé d'être propriétaire, mais à votre égard seulement, car, vis-à-vis de moi, il avait continué à être propriétaire puisque vous n'avez pas fait transcrire. Or, il m'a vendu l'immeuble, j'ai transcrit, donc *erga omnes*, même vis-à-vis de vous je suis le véritable propriétaire. Mais, pour qu'il en soit ainsi, il faut que Secundus ait eu soin de faire transcrire son acte de vente, et si nous faisons cette remarque, c'est que ce n'est que depuis la loi de 1855 que cette obligation existe, car, sous l'empire du code, il n'avait même pas besoin de cette formalité pour opposer le défaut de transcription.

Il en serait de même, si, au lieu d'avoir vendu son immeuble, Pierre l'avait hypothéqué.

La question devient plus délicate au cas où il s'agit d'un second donataire; voici l'hypothèse : Pierre a donné un immeuble à Primus, qui n'a pas fait transcrire, et il donne le même immeuble à Secundus, qui a fait transcrire sa donation. Secundus pourra-t-il opposer le défaut de transcription?

Non, nous dit-on, le donataire Secundus n'est pas un ayant-cause à titre onéreux; or, la loi de 1855 n'a eu qu'un but: protéger ceux qui avaient acquis à titre onéreux. La loi ne peut pas, en effet, protéger celui qui veut faire un bénéfice. Il est vrai que, dans notre hypothèse, on ne peut pas dire, comme quand nous étions en présence d'un acheteur, que l'un *certat de damno vitando*, l'autre *de lucro captando*, ici tous deux *certant de lucro faciendo*, quoique pourtant, comme nous le croyons, ceci ne soit pas tout à fait exact, car, abusé par la possession paisible qu'il a, par suite de la négligence du premier donataire, et se croyant propriétaire incommutable, comme il a le droit de le croire puisqu'il s'est mis en règle, le second donataire peut avoir vendu l'immeuble donné ou, s'il ne l'a pas vendu, il peut l'avoir donné en dot à ses enfants, ou avoir fait des améliorations considérables. L'obliger à restituer, c'est peut-être le ruiner, car, puisqu'il n'a plus l'immeuble, il faut qu'il en rende la valeur ; donc, on le voit, dans ce cas, il n'est pas exact de dire que les deux donataires *certant de lucro faciendo*, et de ces deux situations, à notre avis, celle du second donataire est bien plus digne d'intérêt que celle du premier qui a été négligent.

Quant à l'argument qui consiste à dire que la loi a protégé seulement ceux qui ont acquis des droits à titre onéreux, cet argument est loin d'être concluant et tombe de lui-même, en lisant les termes dont se sert l'art. 941. Ces termes sont généraux, et ils ne distinguent pas que nous sachions entre ceux ayant acquis à titre onéreux ou à titre gratuit. Ce serait faire la loi et non l'interpréter que d'y voir une pareille distinction, et n'oublions pas, en effet, que cet art. 941 est la reproduction exacte de l'art. 27 de l'ordonnance de 1731, qui était formel à ce sujet; le défaut d'insinuation des donations qui y sont sujettes pourra être opposé tant par... que par les donataires postérieurs ou légataires. Or, si le législateur avait voulu innover et faire la distinction qu'on veut lui faire faire, nous croyons qu'il n'eût pas manqué de s'expliquer formellement.

Cette objection mise de côté, entrons plus avant dans la difficulté. Cherchons quelle est la position véritable de ce second donataire.

D'abord, il a acquis des droits sur l'immeuble, et il s'est conformé aux lois pour le conserver, et, en outre, personne ne niera qu'il a intérêt à opposer le défaut de transcription. Que veut-on de plus? Il a contracté à titre gratuit, nous dit-on, mais nous avons déjà répondu à cette objection, la seule que l'on puisse nous faire, en prouvant que bien souvent ce serait amener la ruine du second donataire que de le forcer à restituer soit l'immeuble, soit surtout la valeur de l'immeuble.

Mais nous dit-on : Que faites-vous de l'art. 1072 ainsi conçu : « Les donataires, les légataires, ni même les héritiers légitimes de celui qui aura fait la disposition, ni pareillement leurs donataires, légataires ou héritiers ne pourront, en aucun cas, opposer aux appelés le défaut de transcription ou d'inscription. »

Et l'art. 1070 : « Le défaut de transcription de l'acte contenant la disposition pourra être opposé par les créanciers et tiers acquéreurs, même aux mineurs ou interdits, sauf le recours contre le grevé et contre le tuteur. »

Voici les arguments que nos adversaires tirent de ces articles.

Après avoir permis dans l'art. 1070 aux tiers acquéreurs et créanciers d'opposer le défaut de transcription, l'art. 1072 exclut de cette faculté les donataires et légataires, donc on doit écarter le second donataire. L'art. 1072 est formel ; bien que ces articles parlent d'une donation avec charge de rendre, ils n'en sont pas moins applicables en notre matière, et pour donner plus de force à leur système, car ils en éprouvent le besoin, ils citent, à l'appui de leur opinion, l'autorité de Merlin qui, disent-ils, fonde son opinion sur cet argument, l'art. 1072 n'étant que le corollaire, le complément de l'art. 941.

Certes, c'est c'est là une erreur dans laquelle on s'étonne de voir tomber l'auteur du répertoire, si en effet on se rappelle que, d'après l'ordonnance de 1731 art. 27, les donataires postérieurs étaient aussi fondés à opposer le défaut de transcription. L'argument tiré par Merlin de l'art. 1072 tombe de lui-même en recherchant l'origine de cet article.

En effet, les art. 1070 et 1072 ont été copiés, nous dirons même calqués sur les art. 32 et 34 de l'ordonnance de 1747. Nous allons mettre ces articles en présence :

Art. 32. Les créanciers et tiers acquéreurs pourront opposer le défaut de publication et d'enregistrement de la substitution même aux pupilles, mineurs ou interdits et à l'église, hôpitaux et communautés ou autres qui jouissent du privilége	Art. 1070. Le défaut de transcription de l'acte contenant la disposition pourra être opposé par les créanciers et tiers acquéreurs aux mineurs ou interdits, sauf le recours contre le grevé et contre le tuteur à l'exécution et sans que les mineurs

des mineurs, sauf le recours des dits pupilles mineurs et autres ci-dessus nommés, contre leurs tuteurs, curateurs, syndics ou autres administrateurs, et sans qu'ils puissent être restitués contre le dit défaut, quand même les dits tuteurs, curateurs, syndics ou autres administrateurs se trouveraient insolvables.

Art. 34. Les donataires, héritiers institués légataires, universels ou particuliers, même les héritiers légitimes de celui qui aura fait la substitution, ni pareillement leurs donataires, héritiers institués ou légataires et légataires universels ou particuliers, ne pourront en aucun cas opposer aux substitués le défaut de publication et d'enregistrement de la restitution.

ou interdits puissent être restitués contre ce défaut de transcription quand même le grevé et le tuteur se trouveraient insolvables.

Art. 1072. Les donataires, les légataires ni même les héritiers légitimes de celui qui aura fait la disposition, ni pareillement leurs donataires, légataires ou héritiers, ne pourront en aucun cas opposer aux appelés le défaut de transcription ou inscription.

Nous savons qu'en même temps que l'ordonnance de 1747 défendait aux donataires d'opposer le défaut de publication et d'enregistrement des substitutions ; l'art 27 de l'ordonnance de 1731 leur permettait d'opposer le défaut d'insinuation des donations, et jamais on n'a considéré qu'il y eut contradiction entre ces deux articles.

Or l'on sait que l'art. 941 est la reproduction à peu

près littérale de cet art. 27 de l'ordonnance de 1731.

Art. 27 de l'ordonnance de 1731.	**Art. 941.** Le défaut de
Le défaut d'insinuation des donations qui y sont sujettes à peine de nullité pourra être opposé tant par les tiers acquéreurs et créanciers du donateur que par ses héritiers, donataires postérieurs ou légataires et généralement par tous ceux qui y auront intérêt, autre, néanmoins, que le donateur ; et la disposition du présent art. aura lieu encore que le donateur se fût chargé expressément de faire insinuer la donation à peine de tous dépens, dommages et intérêts, laquelle clause sera regardée comme nulle et de nul effet.	transcription pourra être opposé pour toutes personnes ayant intérêt, excepté toutefois celles qui sont chargées de faire faire la transcription ou leurs ayants-cause et le donateur.

Donc, comment dire que l'art. 1072 n'est que le complément de l'art. 941, cela paraît étonnant puisque les sources où ont été puisés ces articles sont si opposées, sans pour cela qu'il y ait contradiction entre elles.

Dès lors, comment expliquer cette différence ? Voici, croyons-nous, ce que l'on peut dire. Dans l'ancien droit, les substitutions étaient en grande faveur, car avec les idées féodales, le droit de *primogéniture* devait être respecté, le moyen le plus sûr de maintenir le nom et surtout la fortune dans les familles était de faire des substitutions ; mais l'ordonnance de 1747, tout en respectant les droits des tiers qui avaient contracté à titre onéreux, créanciers, tiers acquéreurs, avait cru devoir interdire aux donataires, légataires, etc. le droit d'opposer aux appelés le défaut de publicité de la substitution. La même précaution n'ayant pas paru nécessaire pour les donations pures et simples, on donna ce droit aux donataires et légataires, de là l'art. 27 de l'ordonnance de 1731. Les rédacteurs du code ne tenant plus compte du peu de faveur accordé aux substitutions, ont, par inadvertance, reproduit ces dispositions sans y rien changer.

On ne peut justifier l'art. 1072 qui, du reste, forme une disposition exceptionnelle, qu'en faisant remarquer qu'il a cru nécessaire d'apporter dans une substitution un tempérament à la rigueur du droit en faveur du donataire négligent ou des enfants appelés à la substitution, car, dans ce cas, les enfants ne sont pas encore nés, il y aurait donc eu injustice en permettant à des donataires postérieurs de se prévaloir du défaut de transcription.

Il n'en est pas de même en matière de donation, et nous croyons pouvoir écarter l'argument tiré de l'art. 1072 en faisant remarquer qu'il n'a rien à faire dans la question qui nous occupe, car il vise spécialement le défaut de transcription des substitutions.

Tout nous le montre en effet : la place qu'il occupe dans le code (il est placé au titre spécial des donations contenant substitution) ; ses termes mêmes, ils traitent à la fois de la publication et de l'enregistrement ; il est clair que l'inscription ne regarde que la charge de conserver et de rendre.

On a dit que le donataire ne pouvait opposer le défaut de transcription parce qu'il est l'ayant-cause du donateur, mais alors il faudra refuser ce droit à l'acquéreur à titre onéreux, car il nous semble que lui aussi au premier chef est un ayant-cause du donateur. Nous voulons bien admettre, et nous croyons qu'il est impossible ,de s'y refuser, que les donataires comme les tiers acquéreurs à titre onéreux sont les ayants-cause du donateur; mais ces ayants-cause,sont à titre singulier, ils ne le représentent en rien, dès lors ils ne sont pas tenus de ses obligations, et ils sont des tiers dans le sens de l'art. 3 de la loi de 1855. Quant aux travaux préparatoires, il ne faut guère s'y arrêter, M. Joubert, en refusant aux donataires et aux cessionnaires du donateur le droit d'opposer le défaut de transcription, n'a fait qu'émettre une opinion personnelle, qui a sa valeur, il est vrai, puisqu'elle émane d'un homme qui a pris une si grande part à l'élaboration de cette loi; mais qui ne doit cependant pas nous arrêter, car il faut tenir compte de l'influence que la passion exerce sur les meilleurs esprits qui, tout en étant de bonne foi, arrivent souvent aux conclusions les plus inattendues.

Du reste, comme nous l'admettons, l'art. 1072 règle les rapports des appelés non point d'une manière générale avec les héritiers, légataires et donataires du disposant, grevés ou non grevés; mais avec le grevé, héritier, donataire ou légataire du disposant.

On objecte encore que le donateur, en donnant une seconde fois ce qu'il avait déjà donné, fait un acte en fraude des droits du premier donataire et que par suite celui-ci aura l'action Paulienne contre le second donataire, action qui, on le sait, en cas de donation, peut être exercée contre le donataire de bonne foi ; nous avons répondu à cette objection à propos des actes à titre onéreux, nous rappelons rapidement la réponse à faire.

On confond deux ordres d'idées bien distincts; il n'est pas impossible en effet que le second donataire puisse être en

butte à l'action Paulienne de la part du premier donataire ;
mais il n'en sera pas toujours ainsi. Il ne faut pas oublier
que l'action Paulienne ne peut être intentée avec succès
qu'à une condition, c'est que l'acte ait causé au moment
où il a été fait un préjudice au créancier, c'est-à-dire lorsque celui qui a fait l'acte était insolvable au moment où il
l'a fait ou qu'il s'est rendu insolvable en le faisant; hors de
ces cas pas d'action Paulienne, et dès lors l'argument disparaît. Il faut de plus que celui qui a fait l'acte ait été de mauvaise foi en le faisant. Or la mauvaise foi sera certaine si
c'est la même personne qui a fait les deux donations; mais
il peut se faire qu'il n'en soit pas toujours ainsi. Supposons en effet que le donateur, après avoir fait la première
donation, vienne à mourir, l'héritier qui ignore complétement la donation faite par son auteur donne l'immeuble
à une autre personne, il n'y a pas mauvaise foi de sa part,
il lui a été impossible de connaître la donation; l'action
Paulienne ne pourra pas être intentée contre lui. L'argument de nos adversaires est dès lors réduit à une bien
petite valeur.

Un point plus délicat encore est celui de savoir, si un
légataire à titre particulier peut opposer le défaut de transcription au donataire antérieur. Nous croyons qu'il faut
répondre affirmativement malgré l'autorité qui s'attache
au système opposé que d'excellents esprits, nous dirons
même éminents, défendent avec une grande force et une
logique apparente du moins.

M. Demolombe, dans son traité des donations vol. III
n° 310, après s'être demandé s'il y aurait contradiction à
refuser ce droit au légataire après l'avoir accordé au second
donataire, croit pouvoir répondre négativement, car, dit-il :
« La transcription des donations a été empruntée à la loi du
11 brumaire an VII et elle a été conçue dans le même

esprit ; or, en parlant des personnes qui ont contracté avec le vendeur, l'art. 26 n'avait pas songé aux légataires. »

Voilà un raisonnement qui a quelque peu lieu de nous étonner, surtout de la part de notre savant professeur qui a mis dans la question dont nous nous sommes occupés précédemment tout ce que le raisonnement a de force et de logique pour démontrer que l'art. 941 avait été calqué sur l'art. 27 de l'ordonnance de 1731 et non sur la loi de brumaire. Or qu'a fait l'art. 941 ? Bien loin de restreindre aux tiers qui ont contracté avec le donateur le droit d'opposer le défaut d'insinuation, comme l'avait fait l'ord. de 1731, il a étendu cette faculté à tous ceux qui ont intérêt à l'invoquer. Nous rentrons donc dans l'hypothèse précédente, et nous croyons qu'il y a contradiction évidente à ne pas donner la même solution.

M. Demolombe ajoute : « Dire que la transcription des donations a été empruntée à la loi de brumaire et que comme sous l'empire de cette loi elle a été instituée en faveur des personnes qui avaient contracté avec le vendeur, c'est reconnaître ce droit au donataire mais le refuser au légataire. » Si on s'en tenait à cet argument il faudrait dire que, la loi ayant employé l'expression « *contracté avec le vendeur*, » cet art. ne peut s'appliquer qu'à la vente et qu'il est complétement étranger à notre question. La transcription a été empruntée à la loi de brumaire ; mais l'art. 941 a reproduit l'art. 27 de l'ord. de 1731 qui admettait les légataires à se prévaloir du défaut d'insinuation.

La raison déterminante, pour M. Demolombe, de décider comme il le fait, c'est que le donataire devient créancier du donateur, à raison de l'obligation de garantie dont celui-ci est tenu envers lui, lorsque, par son fait, il a porté atteinte à la donation : or, *nemo liberalis, nisi liberatus.*

Voilà un argument puissant, logique, et que nous aurions

bien de la peine à réfuter, si toutefois il était applicable à notre matière.

Et d'abord, il est inapplicable, lorsqu'on se trouve dans l'hypothèse d'une succession riche, où les biens suffisent pour payer toutes les dettes. Mais, admettant même que la succession soit pauvre, le légataire sera-t-il évincé par le donataire ? Non, il s'agit en effet d'un légataire à titre particulier, légataire qui, à la différence des légataires soit universels, soit à titre universel, n'est pas tenu des dettes de la succession et qui ne représente en rien le défunt, il faudrait qu'il n'y eut rien dans l'actif de la succession pour qu'on pût appliquer la maxime : *nemo liberalis nisi liberalus.* »

M. Bayle Mouillard sur Grenier, tome 2 n° 107, nous dit : « Le créancier passe toujours avant le légataire, le légataire avant l'héritier, l'acte entre vifs avant le testament, le donataire, le légataire sont créanciers de la chose à l'égard du donateur, du testateur et de sa succession ; et s'il trouve dans la succession la chose qui lui est due, peu importe qu'il y ait ou qu'il n'y ait pas de quoi lui payer une indemnité, il a droit à la chose même, elle existe, il la prend.

Cette manière de raisonner est contraire aux principes du droit, deux personnes ne peuvent être à la fois créancières du même objet, et l'obtenir toutes deux, car l'une d'elles sera préférée à l'autre, et elle obtiendra la chose même, tandis que l'autre n'en aura que la valeur.

« Le donataire entre vifs, ajoute notre savant professeur M. Demolombe, est plus que créancier de l'immeuble, à l'égard du donateur, il est propriétaire de cet immeuble, donc il peut le revendiquer contre le légataire. » Raisonner ainsi, c'est paraître oublier le but immédiat que la loi de 1855 a poursuivi. La transcription n'a d'autre but que de rendre l'acquéreur, le donataire, propriétaires à l'égard des tiers. Nous savons qu'entre les parties rien n'est changé, la donation est parfaite par le seul consentement; mais le légataire ne représente en rien le donateur, cela est certain, de plus, il a intérêt à invoquer le défaut de transcription, donc il est un tiers dans le sens de la loi de 1855, donc il peut parfaitement opposer le défaut de transcription, et, à son égard, le donataire n'est qu'un simple créancier et non un propriétaire.

Et voici bien un autre argument auquel, croyons-nous, il sera difficile de répondre et qui nous donnera gain de cause.

La transcription est exigée pour rendre valable *erga omnes* l'acte passé entre deux personnes, or, jusqu'à la transcription, l'ancien propriétaire conserve tous ses droits sur la chose, puisqu'il peut même l'aliéner. Donc, le donataire, qui n'a pas fait transcrire son titre n'a aucun droit sur l'immeuble à l'égard des tiers, il ne peut donc pas se prévaloir de son titre à l'égard du légataire qui a intérêt à invoquer le défaut de transcription et qui est un tiers.

En commençant nos recherches sur les personnes qui peuvent invoquer le défaut de transcription dans les actes, à titre gratuit, nous avons vu que tout le monde s'accorde pour placer au premier rang les acquéreurs à titre onéreux et les créanciers hypothécaires. Mais, en ce qui concerne les créanciers chirographaires, la question est très-controversée.

Nous rappelons que, pour les actes à titre onéreux, M. de Belleyme nous dit dans son rapport que c'est précisément pour écarter les créanciers chirographaires que, dans l'art. 3 de la loi de 1855, on a employé l'expression (*qui ont des droits sur l'immeuble*). Mais, dans la question qui nous occupe, rien n'a été dit ni dans les travaux préparatoires, ni dans la discussion, aussi nous trouvons-nous réduits à analyser les textes de la loi et à en tirer les conclusions qui nous paraîtront les plus conformes à son esprit.

La généralité des termes de l'art. 941, son origine, nous portent à croire que l'affirmative seule est admissible.

L'art. 941, en effet, est conçu en termes généraux : « Toute personne, ayant intérêt, pourra opposer le défaut de transcription. »

Voilà qui est clair, il n'y a pas de distinctions, et il nous semble que les créanciers chirographaires ont le plus grand intérêt à opposer le défaut de transcription.

Quant à l'origine de l'art. 941, nous savons qu'elle nous est très-favorable. Cet article, en effet, a été copié sur l'art. 27 de l'ordonnance de 1731 et non sur les lois de brumaire. Or, l'ord. de 1731 comprend les créanciers chirographaires au nombre des personnes pouvant invoquer le défaut de transcription.

M. Flandin (1), après avoir soutenu énergiquement, lorsque les besoins de la cause l'exigeaient, que l'art. 941 avait été littéralement calqué sur l'art. 27 de l'ordonnance précitée, change tout à coup d'opinion, et prétend, pour rester fidèle à sa théorie sur les créanciers chirographaires qui ont pratiqué une saisie, prétend, disons-nous, « que l'art. 941 n'a pas été calqué sur l'art. 27, qu'il n'en a pas reproduit tous les termes, et que, malgré la généralité de ses expressions « *toute personne ayant intérêt* » il faut limiter le sens de ces expressions suivant les principes de la matière. »

Nous accordons volontiers à M. Flandin qu'il paraît étrange d'admettre dans un cas les créanciers chirogra-

---

(1) *Transcript.*, n° 959.

phaires à se prévaloir du défaut de transcription, tandis qu'on le leur refuse dans un autre. Il y aura certainement un peu de disparate dans la loi; mais, en se plaçant au point de vue des rédacteurs du code, cela n'est pas étonnant, car la transcription remplace l'insinuation, bien que ces deux formalités diffèrent entre elles. Partant de là, pourquoi ne pas admettre à se prévaloir du défaut de son accomplissement toutes les personnes qui sous l'empire des ordonnances pouvaient s'en prévaloir.

Et si cette raison ne suffisait pas, nous pourrions citer une foule d'arrêts qui tous sont unanimes et décident dans notre sens, entre autres un arrêt de la Cour de cassation *du 23 nov.* 1859 qui est formel : « Attendu qu'aux termes de l'art. 941 du C. civ. le défaut de transcription peut être opposé par toute personne ayant intérêt; que cet article général et absolu ne distingue pas entre les créanciers hypothécaires et ceux qui n'ont qu'un titre purement chirographaire, qu'il suffit que ceux-ci justifient d'un intérêt à se prévaloir du défaut de transcription pour pouvoir user du droit que consacre l'article précité.

On nous oppose encore l'art. 939. Cet article, dit-on, ne s'est occupé que des créanciers hypothécaires, puisqu'il n'exige la transcription que des biens susceptibles d'hypothèque, donc c'est bien le système de la loi de brumaire que la loi a voulu suivre et non celui de l'ordonnance de 1731. Nous répondrons à cet argument, qu'aux termes de l'art. 939 la transcription ne doit avoir lieu que pour les biens susceptibles d'hypothèque, cela est très-vrai; mais de là à dire que les créanciers hypothécaires seuls peuvent opposer le défaut de transcription, il y a l'immensité, car l'art. 941 qui s'occupe spécialement de ce point dispose d'une manière générale, et ses expressions ne se limitent pas aux créanciers hypthécaires, et si telle avait été l'intention du législateur, il n'eût pas manqué d'excepter les créanciers chirographaires.

On invoque en vain la rédaction de l'art. 3 de la loi du 23 mars 1855, au sujet de la vente, les créanciers chirographaires sont éliminés par suite de la rédaction de l'art. 3 ; mais, d'un autre côté, l'art. 11 de la même loi nous dit qu'il n'est point dérogé aux règles du code relativement à la transcription des actes portant donation. Nous restons donc sous l'empire de l'art. 941.

Il faut, bien entendu, de la part des créanciers chirographaires, un intérêt évident, distinct de celui de leur débiteur, ce qui se présentera à bien plus forte raison lorsque les créanciers chirographaires auront pratiqué une saisie, soit sur les fruits, soit sur le fond même de l'objet de la donation, l'intérêt des créanciers est évident, si le donataire qui n'a pas fait transcrire demande la distraction, soit de l'immeuble, soit des fruits.

L'art. 941 doit-il s'appliquer aux successeurs universels ou à titre universel du donateur ?

Faisons l'hypothèse. Le donateur meurt avant la transcription de la donation, les héritiers ou successeurs universels ou à titre universel peuvent-ils se prévaloir du défaut de transcription ?

Nous croyons qu'ils ne le peuvent pas, ils représentent le défunt, dès lors ils n'ont pas plus droit que n'en avait celui-ci, or, leur auteur ne pouvait invoquer le défaut de transcription, donc ils ne le peuvent pas plus que lui.

A cette décision on objecte l'art. 941 en le rapprochant de l'art. 27 de l'ordonnance de 1731, et un argument tiré de l'art. 783 du C. civ.

L'art. 941 dit que « le défaut de transcription peut être opposé par toute personne ayant intérêt. » Et cet art., rapproché de l'art. 27 de l'ordonnance précitée qui comprend tant les tiers acquéreurs et créanciers, du donateur que ses héritiers donataires, postérieurs ou légataires, en un mot, tous ceux qui y ont intérêt, autres que le donateur, exprime à peu près la même idée, il excepte aussi le donateur, mais non les ayants-cause, soit à titre gratuit, soit à titre onéreux. Le législateur ayant copié l'art. 27 de l'ordonnance, s'il avait voulu excepter les héritiers, n'aurait pas manqué de le dire, car le doute n'est pas possible avec les termes qu'il a employés. Donc les héritiers ayant intérêt à se prévaloir du défaut de transcription, et n'étant pas compris dans l'exception faite par la loi, ont le droit d'écarter le donataire.

Nous ferons d'abord remarquer que, s'il est vrai de dire que l'art. 941 ait été complétement calqué sur l'art. 27 de notre ordonnance, il n'est pas moins vrai de dire que le législateur, tout en reproduisant les mêmes termes, n'a pas toujours eu le même esprit. Si le législateur avait voulu protéger les héritiers, il aurait ordonné la transcription des donations des biens meubles, comme il l'a fait pour les donations des biens immeubles, susceptibles d'hypothèque ; or, nous savons que la transcription n'est pas exigée pour les donations de la première catégorie qui, pourtant, p -vent être d'une grande importance.

Nous savons aussi que l'insinuation faite dans les délais fixés par les ordonnances rendait la donation opposable aux héritiers ; or, le code, en ne fixant pas de délai, n'a-t-il pas eu l'intention évidente de rompre avec l'ancien droit ? Admettre que les héritiers, le donateur étant mort, peuvent opposer le défaut de transcription, c'est admettre que la donation tombe par le décès du donateur, ce qui n'est pas admissible.

Ce qui prouve que le code n'admet pas les héritiers du donateur à se prévaloir du défaut de transcription, c'est qu'une disposition additionnelle de l'art. 27 de l'ordonnance de 1731 n'a pas été reproduite par lui.

« La disposition du présent article, disait l'art. 27, (c'est-à-dire que les héritiers du donateur auraient le droit d'opposer le défaut d'insinuation) aura lieu encore que le donateur se fût chargé expressément de faire insinuer la donation à peine de dommages et intérêts, laquelle clause restera sans aucun effet. »

Le silence du code sur ce point prouve, jusqu'à l'évidence, qu'il a voulu innover. Cette clause, nulle d'après les ordonnances, est valable d'après le code, car ce qui n'est pas défendu est permis; et si le donateur peut se charger, à peine de dommages et intérêts, de faire faire la transcription, comment permettre à ses héritiers d'invoquer ce défaut de transcription, alors que celui qu'ils représentent s'était chargé lui-même de la faire faire et ne pouvait en invoquer le défaut. Qu'on ne nous fasse pas le reproche de supprimer complétement l'art. 941, et d'enlever à tout ayant-cause du donateur le droit d'invoquer le défaut de transcription. Il y a ici une raison majeure de décider ainsi, les héritiers ne sont que les continuateurs de la personne juridique du donateur. Ce qui est loin d'exister soit pour les ayantscause à titre onéreux, soit pour les donataires ou légataires particuliers qui ne sont tenus d'aucune des obligations du donateur, car ils ne le représentent en rien. Notre art. 941 reste do·· intact, les héritiers seuls ne sont pas compris dans son énumération.

Un argument sans valeur se tire de la place que les mots *ayants-cause* occupent dans l'art. 941. Si le législateur avait entendu priver les héritiers du droit d'opposer le défaut de transcription, il n'eût pas manqué de placer les mots ayants-cause après le mot donateur; le doute, dès lors, n'eût plus été possible, s'il eût voulu innover, il l'eût certainement fait. Nous ne répondrons qu'un seul mot : Le législateur, en rédigeant l'art. 941, avait devant les yeux le texte de l'ordonnance, et, tout en ayant la ferme intention d'innover, en ce qui concernait les héritiers, il a, par inadvertance, reproduit les expressions de l'art. 27.

L'art. 783 s'exprime ainsi :

« Le majeur ne peut attaquer l'acceptation expresse ou tacite qu'il a faite d'une succession que dans le cas où cette acceptation aurait été la suite d'un dol pratiqué envers lui, il ne peut jamais réclamer sous prétexte de lésion, excepté seulement dans le cas où la succession se trouverait absorbée ou diminuée de plus de moitié par la découverte d'un testament inconnu au moment de l'acceptation. »

Puisque, disent nos adversaires, vous refusez à l'héritier le droit de se prévaloir du défaut de transcription d'une donation qui peut être considérable, il faudrait lui permettre de faire rescinder son acceptation lorsqu'il découvre une donation qui lui enlève plus de la moitié de la succession.

Cet argument est sérieux, mais heureusement que, s'il prouvait quelque chose, il prouverait trop.

La transcription n'est pas exigée pour toutes les donations, seules, les donations de biens susceptibles d'hypothèques y sont soumises, celles de meubles, jamais. Or, supposons qu'une donation de ce genre et d'une importance considérable ait été faite, l'héritier ne la connaîtra pas, en droit du moins, puisqu'il n'y a pas de publicité. Supposons que cette donation absorbe plus de la moitié de la succession, allez-vous rescinder l'acceptation ? Non. Et on ne niera pas que l'héritier était aussi digne d'intérêt dans ce cas que quand il s'agit d'un testament.

Le législateur ne s'est pas occupé des héritiers, nous

sommes donc en présence des principes de notre droit. Or, les ayants-cause universels ou à titre universel, n'ont jamais plus de droit que leur auteur, donc ils ne peuvent invoquer le défaut de transcription.

Nous croyons qu'il faut donner la même solution quant aux créanciers des successeurs universels ou à titre universel du donateur. Ils ne peuvent pas plus que leur auteur opposer le défaut de transcription d'une donation; la seule objection que l'on pourrait faire à ce système, serait de dire qu'ils sont devenus les créanciers du donateur par suite de l'acceptation de l héritier, leur débiteur. Mais on sait que jamais le créancier de l'héritier ne peut être considéré comme créancier de la succession, ils ne sont créanciers de la succession qu'en ce sens qu'il y a confusion des patrimoines, confusion qui peut cesser si les créanciers personnels du défunt en demandent la séparation.

Jusqu'à présent nous nous sommes occupés des personnes qui pouvaient opposer le défaut de transcription, il nous reste, pour terminer cette étude, à dire quelques mots des personnes qui ne peuvent pas opposer le défaut de transcription.

SECTION II.

Des personnes qui ne peuvent pas opposer le défaut de transcription.

Reprenons notre art. 941 : «Pourront opposer le défaut de transcription, toute personne ayant intérêt, excepté celles qui sont chargées de faire faire la transcription, leurs ayants cause et le donateur. »

Écartons tout d'abord le donateur, il est certain qu'il ne

pourra en aucun cas opposer le défaut de transcription, nous savons qu'entre les parties la donation est parfaite par le seul consentement. Il y aurait dol de sa part à méconnaître cette donation, aussi sous les anciennes ordonnances ne pouvait-il jamais invoquer le défaut d'insinuation.

Les personnes chargées de faire faire la transcription. Nous ne croyons pas inutile d'énumérer ici les personnes auxquelles la loi impose cette obligation : 1° Le mari pour la donation faite à sa femme ; 2° les tuteurs, curateurs ou administrateurs, pour les donations faites, soit aux pupilles, aux interdits ou aux établissements publics ; 3° le subrogé-tuteur, quand une donation est faite au mineur par son tuteur ; 4° le curateur spécial du sourd-muet, quand le sourd-muet ne sait pas écrire ; 5° le mandataire pour son mandant ; 6° les ascendants des mineurs qui, sans être tuteurs, acceptent pour eux des donations qui leur sont faites ; 7° le grevé ou le tuteur à la substitution pour les donations, contenant charge de rendre.

Ces personnes ne peuvent invoquer le défaut de transcription et il en a toujours été ainsi ; l'ordonnance de 1731, dans ses art. 30 et 31, nous le dit : *Les maris, tuteurs, curateurs, administrateurs* ou autres, qui, par leur qualité, sont tenus de faire insinuer les donations faites par eux ou par d'autres personnes, aux femmes mineures ou autres étant sous leur autorité, ne pourront, ni leurs héritiers ou ayants-cause, opposer le défaut d'insinuation aux dits donataires dont ils ont eu l'administration, ni à leurs héritiers et ayants-cause.

Voilà un texte clair, précis, avec lequel le doute n'est pas possible. L'art. 941 est loin d'être aussi facile à expliquer, la loi du 23 mars 1855 garde un silence absolu sur ce point, les principes seuls viennent à notre aide, aussi l'équité revendiquant ses droits, devons-nous donner la même solution. D'abord, en vertu de ce principe : « *Nemo ex delicto suo meliorem suam conditionem facere potest,* » en second lieu la garantie de son propre fait est due à tout acquéreur, soit à titre gratuit, soit à titre onéreux. Or *quem de evictione tenet actio eumdem agentem repellit exceptio.* Ainsi cette prohibition s'explique d'elle-même. La loi ajoute : « ou ayants-cause. » Quelles sont les personnes qu'il faut comprendre sous cette dénomination ? C'est ici que commencent le doute et l'hésitation.

Sous l'ordonnance de 1731, on comprenait sous ce titre d'ayants-cause, les héritiers et successeurs universels ou à titre universel, soit du mari, du tuteur, curateur, administrateur, ou autres, par la raison bien simple qu'étant les représentants juridiques de leurs auteurs, ils sont tenus comme eux des mêmes obligations, ils n'ont pas plus de droits qu'ils n'en avaient eux-mêmes.

Mais que faut-il décider pour les successeurs particuliers à titre onéreux ou à titre gratuit, pour les créanciers hypothécaires ou chirographaires des personnes chargées de faire faire la transcription ?

Le doute vient des termes concis et peu précis employés, par l'art. 941 : « excepté ceux chargés de faire faire la transcription et leurs ayants-cause. Sous l'empire de l'ordonnance de 1731, le doute n'était guère possible devant les expressions de l'art. 30 : « Le mari *ni ses héritiers ou ayants-cause* ne pourront en aucun cas, et quand même il s'agirait de donations faites par d'autres que le mari, opposer le défaut d'insinuation des donations faites à la femme. »

L'article disait : *le mari ni ses héritiers ou ayants-cause;* donc l'ordonnance comprenait sous cette dénomination les personnes qui nous occupent. C'était du moins l'opinion de

Furgole (1), c'était aussi celle de Pothier (2). L'art. 941 a maintenu les mots ayants-cause, a supprimé les mots héritiers. Que décider ?

Il faut faire ici deux hypothèses bien distinctes, : supposons d'abord qu'un immeuble a été donné soit à une femme soit à un mineur, soit à un interdit par un tiers.

Nous supposerons ensuite que l'immeuble a été donné, soit par le mari, soit par le tuteur, soit par le curateur à la femme, au mineur ou à l'interdit.

1re hypothèse. Jacques donne un immeuble à Prima, le mari chargé de faire faire la transcription ne le fait pas, à quelque temps de là, il achète lui-même le même immeuble et il fait transcrire, il vend ou bien il donne l'immeuble, ou, si nous le voulons, il consent des hypothèques. Ces acheteurs, donataires ou créanciers du mari, pourront-ils opposer le défaut de transcription à la femme ? ou, en d'autres termes, devons-nous ranger ces personnes parmi les ayants-cause de l'art. 941 ? Nous croyons qu'il faut évidemment les ranger dans cette catégorie.

Nous citerons l'autorité de Merlin qui pense que le code, en gardant le silence sur les héritiers, et en n'employant que les mots ayants-cause, a entendu modifier complétement la solution donnée pour les actes à titre onéreux.

Et la raison principale à invoquer à l'appui de ce système, est que ces personnes donataires, créanciers, acheteurs, n'ont pu recevoir plus de droit que leur auteur n'en avait : *nemo dat quod non habet*. Or, elles ont traité directement avec le mari, elles n'ont donc pas plus de droit que

---

(1) Furgole, sur les art. 30 et 31.

(2) *Des donat. entre-vifs*, sect. 11, art. 3, § 5, *introduct.* au tit. xv *de la cout. d'Orléans*, n° 63.

lui. Toutes les exceptions qu'on aurait pu lui opposer deviennent dès lors opposables aux personnes qui sont ses ayants-cause.

On ne doit pas s'étonner de voir la loi permettre aux ayants-cause du donateur d'opposer le défaut de transcription, tandis quelle refuse ce droit aux ayants-cause de ceux chargés de faire faire la transcription, car le but du législateur a été de protéger ceux qui traitent directement avec le donateur et non ceux qui traitent avec les personnes chargées de faire faire la transcription. La loi n'avait pas à s'occuper d'eux, elle les laisse sous l'empire du droit commun; mais ces mêmes raisons existeront-elles dans la seconde hypothèse que nous avons prévue.

2e hypothèse. Un mari donne à sa femme un immeuble, il ne fait pas transcrire la donation, et quelque temps après il aliène, il donne ou hypothèque le même immeuble.

Si nous admettions le système précédent, il faudrait décider que ces donataires, acheteurs ou créanciers, ayant acquis du mari chargé de faire faire la transcription, doivent être rangés parmi les ayants-cause de l'article 941 et comme tels incapables d'opposer le défaut de transcription. C'est là la solution que nous proposons.

L'embarras que l'on éprouve à se décider provient de la double qualité de ces personnes, elles sont en effet d'un côté ayants-cause du donateur, de l'autre ayants-cause de la personne chargée de faire faire la transcription.

Des lors la question revient à se demander laquelle de ces deux qualités doit prédominer.

La règle est que toute personne ayant intérêt à opposer le défaut de transcription peut l'opposer, l'exception est que les personnes chargées de faire faire la transcription et leurs ayants-cause ne peuvent l'opposer. Or, puisque nous sommes dans le cas prévu par l'exception, c'est cette dernière qu'il faut appliquer ; et, à ne considérer que les termes mêmes de l'art. 941, il est clair qu'il vise à la fois et les successeurs universels ou à titre universel et les successeurs à titre particulier, car, s'il n'eût visé que les premiers, il se fût servi du mot héritiers et non d'ayants-cause.

C'est, du reste, l'opinion de Pothier ; si un tuteur a fait une donation à son mineur, les héritiers de ce tuteur ne sont pas recevables à opposer le défaut de transcription, par la même raison si Pierre m'a fait une donation, mon tuteur, mon curateur, mon mari ou son héritier, qui deviendrait par la suite héritier de Pierre ou créancier de Pierre, ne pourrait pas, en la dite qualité d'héritier ou créancier de Pierre, m'opposer le défaut de transcription, car il est responsable envers moi de ce défaut.

La cour de cassation, dans un arrêt de 1825, 4 *juin*, avait décidé de même ; mais, bien que dans les arrêts du 4 janvier 1830 et 10 mars 1840 elle ait décidé autrement, nous croyons, avec la majorité des auteurs, qu'elle avait bien jugé dans le premier arrêt.

CHAPITRE IV

Des effets de la transcription relativement aux testaments ou donations à charge de rendre.

Notre code a consacré à ce sujet deux articles dont le véritable sens est difficile à préciser.

Art. 1070. « Le défaut de transcription de l'acte contenant la disposition pourra être opposé par les créanciers et tiers acquéreurs même aux mineurs ou interdits, sauf le recours contre le grevé et contre le tuteur à l'exécution et sans que les mineurs ou interdits puissent être restitués contre ce défaut de transcription quand même le grevé et le tuteur se trouveraient insolvables. »

Art. 1072. « Les donataires, les légataires, ni même les héritiers légitimes de celui qui aura fait la disposition, ni pareillement leurs donataires, légataires ou héritiers, ne pourront, en aucun cas, opposer aux appelés le défaut de transcription ou inscription. »

L'art. 1070 nous dit que le défaut de transcription pourra être opposé par les créanciers et tiers acquéreurs.

Ce sont d'abord les créanciers et tiers acquéreurs du donateur; mais, d'un autre côté, les créanciers et tiers acquéreurs qui auront traité avec le donateur, peuvent, aux termes de l'art. 941, opposer le défaut de transcript , aussi, M. Dalloz (1) fait remarquer avec beaucoup de raison, que l'art. 1070 n'a parlé que des créanciers et tiers acquéreurs du grevé. Cette remarque est juste, mais nous croyons que l'art. 1070 a entendu parler tant des créanciers et tiers acquéreurs du donateur que des créanciers et tiers acquéreurs du grevé. Et cela s'explique par le jeu qui s'effectuera. Si nous supposons, en effet, que les créanciers et tiers acquéreurs n'ont affaire qu'au grevé, ils invoqueront l'art. 947, cela n'est pas douteux ; si, au contraire, ils ont affaire aux appelés, ils invoqueront l'art. 1070 spécial à la matière des substitutions. Dès lors, l'art. 941 nous venant en aide, nous croyons que l'art. 1070 a entendu surtout parler des créanciers et tiers acquéreurs du grevé, . c'est-à-dire, de ceux à qui le grevé aurait aliéné, hypo-

---

(1) *Jurisprudence générale,* v° *substitution.*

théqué l'immeuble ; le grevé, peut en effet, agir ainsi, car il est propriétaire, sa propriété n'est, il est vrai, que résoluble au profit du substitué par l'arrivée conditionnelle qui doit donner ouverture à la substitution (1). Cependant il peut transférer des droits sur l'immeuble ; mais, dit-on, comment peut-il en être ainsi, puisque nous venons de voir que les ayants-cause de celui chargé de faire faire la transcription sont incapables d'opposer le défaut de transcription, ce n'est donc pas d'eux que la loi a voulu parler ?

Nous ferons remarquer que l'art. 941 que l'on invoque n'a rien à faire dans une matière spéciale comme celle des substitutions. Quand nous disions que l'art. 941 nous venait en aide, nous n'entendions pas du tout que cet article pouvait être invoqué en cette matière, et nous avons eu soin de dire que l'art. 941 ne serait applicable que lorsque les créanciers ou tiers acquéreurs seraient en présence du grevé lui-même ou, pour mieux nous exprimer, lorsqu'ils tiendront leurs droits de celui qui aura fait la disposition à charge de vendre. Du reste on ne peut pas transporter, dans la matière des donations, des dispositions propres aux substitutions ; et nous avons vu que *les art.* 32 *et* 34 *de l'ordonnance de* 1747 sur lesquels ont été copiés les art. 1070 *et* 1072, et l'art. 27 de l'ordonnance de 1751, qui a donné naissance à l'art. 941, étaient en contradiction complète et que personne ne s'en était étonné. L'art. 32, en disant que les créanciers ou tiers acquéreurs, pourront opposer le défaut de publication ou d'enregistrement aux pupilles, mineurs ou autres ne distinguait pas entre les créanciers et tiers acquéreurs du donateur ou ceux des grevés.

---

(1) Pothier, sect. V, art. 1 (*substitution*).

Les art. 30 et 31 de l'ordonnance de 1731 déclaraient que le mari ni ses héritiers ou ayants-cause, les tuteurs, curateurs, administrateurs ou autres qui, par leur qualité, sont tenus de faire insinuer les donations faites par eux ou par d'autres personnes, aux mineurs ou autres étant sous leur autorité ne pourront en aucun cas ni leurs héritiers ou ayants-cause opposer le défaut d'insinuation aux dits mineurs, tandis que l'art. 31 de l'ordonnance de 1747 disait que toutes les aliénations faites par le grevé ou par un des substitués au préjudice de la substitution, à compter du jour qu'elle doit avoir son effet contre les créanciers et tiers acquéreurs ne pourra nuire aux substitués dont les aliénations faites avant cette époque leur étaien' opposables.

Que déduire de là, si ce n'est qu'on ne doit pas en matière de substitution, introduire une dispense relative aux donations, c'est du reste l'opinion du plus grand nombre d'auteurs. Pothier dit que « si le tiers acquéreur devient héritier du grevé, cette qualité qui l'oblige personnellement à la restitution des biens compris dans la substitution, l'empêche de pouvoir opposer le défaut d'insinuation qu'il aurait dû opposer en sa qualité d'acquéreur. » On ne peut pas être plus clair.

Grenier (1) a écrit que les créanciers du tuteur à la substitution et les tiers acquéreurs auxquels il aurait transmis les biens substitués pourraient opposer aux appelés le défaut de transcription en vertu de l'art. 1070. C'est là évidemment une erreur très-grave de Grenier, car le tuteur à la substitution n'étant nullement propriétaire des biens donnés n'a pu conférer aucun droit sur cet immeuble.

---

(1) Tome III, n° 380.

Si les appelés ont une action contre le tuteur à la substitution, c'est uniquement parce qu'il est responsable envers eux de la négligence qu'il a mise à faire transcrire.

Et, du reste, cette erreur a été relevée par M. Ancelot, qui pourtant trouve une application de l'idée émise par Grenier, pour le cas où le tuteur à la substitution aurait acquis du grevé avant la transcription, les biens, et les aurait soit aliénés, soit hypothéqués; dans ce cas les créanciers ou tiers acquéreurs du tuteur pourraient opposer le défaut de transcription aux appelés. Cela peut se présenter, mais ce n'est plus l'hypothèse prévue par Grenier, car ici c'est le grevé qui étant propriétaire, avait transmis les biens au tuteur.

Mais cela paraît étonnant, puisque l'on avait admis autrefois que, pour que les acquéreurs à titre onéreux des biens substitués pussent invoquer le défaut de publication et d'enregistrement, il fallait qu'ils eussent acquis directement du grevé, donc une personne ayant acquis, même à titre onéreux, non du grevé mais d'un donataire, ne peut être recevable à opposer le défaut de publication, alors même que le grevé aurait paru dans l'acte et consenti à la vente.

C'est ainsi que l'a jugé un arrêt de la cour de cassation 10 *novembre* 1829 (1), d'après les termes de la déclaration du roi du 18 janvier 1712, à laquelle il ne fut pas dérogé par l'ordonnance de 1747, il fallait que l'on tînt ses droits du grevé lui-même.

Cette doctrine n'est plus admissible dans notre droit. La déclaration du roi portait : « Ne pourra le défaut de publi-

---

(1) Dalloz, *Jurisp. génér.* v° *substitution*, n° 343.

cation et d'enregistrement être opposé en aucun cas aux substitués par les héritiers institués ou *ab intestat*, donataires ou légataires universels ou particuliers, ni par leurs successeurs, à l'égard desquels les substitutions auront leur effet comme si elles avaient été publiées et enregistrées.

Le mot successeur avait été pris par la cour aussi bien dans le sens d'acquéreur à titre onéreux, que d'acquéreur à titre gratuit ; mais c'est là une erreur, et nous croyons qu'il faut décider que les tiers acquéreurs à titre onéreux des biens substitués peuvent opposer le défaut de transcription soit qu'ils tiennent leur droit du grevé directement, soit des ayants-cause à titre gratuit ou onéreux du grevé. L'art. 1072, en effet, s'explique bien autrement que la déclaration du roi de 1712. Les donataires, les légataires, ni même les héritiers légitimes de celui qui aura fait la disposition, ni pareillement leurs donataires légataires, ou héritiers ne pourront en aucun cas opposer aux appelés le défaut de transcription ou inscription. L'art. 1070, en employant les expressions créanciers ou tiers acquéreurs à titre onéreux et ne parlant pas des acquéreurs à titre gratuit, ne permet pas de pouvoir comprendre le donataire sous cette dénomination, car, en réunissant ainsi dans la même phrase les créanciers et tiers acquéreurs, elle a bien entendu n'y comprendre que ceux à titre onéreux, et, de plus, l'art. 1072 qui vient immédiatement après, s'occupe des donataires et légataires. Mais il s'occupe des tiers acquéreurs à titre onéreux, quelle que soit la manière dont ils le sont devenus, c'est l'opinion de Furgole.

L'art. 1070, en employant l'expression créanciers, ne distingue pas entre les créanciers hypothécaires et les créanciers chirographaires, et donne ce droit indistinctement aux uns comme aux autres, aussi faut-il admettre les créanciers même chirographaires à se prévaloir du défaut de transcription.

Quant aux ayants-cause à titre gratuit, l'art. 1072 refuse le droit de se prévaloir du défaut de transcription ou d'inscription aux donataires, légataires et même aux héritiers légitimes de celui qui aura fait la disposition, ni pareillement leurs donataires, légataires, ou héritiers, ne pourront en aucun cas opposer le défaut de transcription aux appelés.

On doit ranger dans cette énumération le grevé qui, au premier chef, est incapable d'opposer le défaut de transcription, puisque lui-même est chargé de faire faire cette transcription.

Ce texte ajoute que les ayants-cause à titre gratuit ne peuvent pas non plus opposer le défaut de transcription, c'est-à dire, par exemple, que si le grevé, qui ne peut se prévaloir du défaut de transcription, a fait donation d'un bien compris dans la substitution, le donataire, le légataire et l'héritier du grevé ne pourront pas opposer aux appelés le défaut de transcription.

On se divise quand on se demande si la règle de l'art. 1072 est applicable, non-seulement au grevé ou à ses ayants-cause, mais aussi aux ayants-cause à titre gratuit du disposant. La question ne peut guère s'élever au sujet des héritiers du disposant; il nous paraît impossible de trouver une hypothèse dans laquelle les héritiers du disposant pourraient invoquer le défaut de transcription. Il s'agit, en effet, d'une substitution établie par testament, la disposition testamentaire dépouille les autres héritiers légitimes, ceux-ci, dès lors, ne peuvent être dans le cas de se prévaloir du défaut de transcription.

S'il s'agit d'une donation non transcrite, les héritiers, d'après l'interprétation de l'art. 941 déjà donnée, ne pouvant opposer le défaut de transcription d'une donation, se seront trouvés dépouillés et ne pourront opposer le défaut de transcription.

Nous avons vu sous l'art. 941 que c'est une question controversée de savoir si le défaut de transcription peut être opposé par le second donataire. Or, si nous admettions en principe que le second donataire ne peut se prévaloir de ce défaut, la question serait tranchée, et il ne pourrait s'en prévaloir contre personne. Nous avons admis, sous l'art. 941, le donataire à se prévaloir de ce défaut de transcription. On voit dès lors la difficulté que présente l'art. 1072, en admettant notre solution, la donation serait opposable au grevé seul, mais non aux appelés, un système le prétend. Mais nous croyons que telle n'est pas la signification de l'art. 1072. Cette énumération, si longue qu'elle paraisse, ne s'applique exactement qu'au grevé, et nous admettons la théorie si bien développée dans la *Revue critique de législation* (1). M. Pison modifie ainsi l'art. 1072 : « Les donataires, légataires ou même les héritiers légitimes, grevés de restitution, ni pareillement leurs donataires, légataires ou héritiers ne pourront en aucun cas opposer aux appelés le défaut de transcription ou inscription. »

L'art. 1072 est copié littéralement sur l'article 34 de l'ord. de 1747, tit. 2, et l'ancien droit était formel à cet égard.

Quant aux donataires, légataires ou héritiers du grevé, ils ne peuvent pas plus que lui opposer le défaut de transcription aux appelés. Bien entendu qu'il ne s'agit ici que des ayants-cause à titre gratuit, car on ne pourrait pas ap-

---

(1) Tome XIV, p. 17.

pliquer la même solution à des ayants-cause à titre onéreux quand même ils tiendraient leur droit des donataires
ou légataires.

Le tuteur à la substitution étant chargé de faire faire la
transcription, ne peut en opposer le défaut, et il en serait
de même de ses successeurs universels ou à titre universel
et même à titre particulier.

POSITIONS

DROIT ROMAIN.

I. Quand la donation est imparfaite, d'après la loi Cincia, le donateur peut retenir ou reprendre la totalité même des objets donnés.

II. La donation à cause de mort n'était pas soumise à la loi Cincia.

III. Sous Justinien, la donation à cause de mort n'est pas soumise à l'insinuation.

IV. Sous Justinien, en l'absence de cinq témoins on ne peut déférer le serment à l'héritier pour établir une donation à cause de mort.

DROIT FRANÇAIS.

I. La transaction relative à des droits réels immobiliers n'est pas soumise à la transcription.

II. Les créanciers hypothécaires inscrits peuvent opposer le défaut de transcription, même quand leur hypothèque serait postérieure à l'acte d'aliénation.

III. Les ayants-cause à titre particulier des maris et tuteurs peuvent opposer le défaut de transcription d'une vente.

IV. Un second acquéreur peut opposer le défaut de transcription à un premier acquéreur, quand même il aurait connaissance de la première aliénation.

V. Un second acquéreur devenu l'héritier sous bénéfice d'inventaire de l'aliénateur, peut opposer au premier acquéreur le défaut de transcription.

VI. Les créanciers chirographaires ne peuvent, malgré l'inscription du bénéfice de la séparation des patrimoines, opposer le défaut de transcription des actes d'aliénation consentis par le défunt.

VII. Les créanciers qui ont pratiqué la saisie d'un immeuble vendu ne peuvent opposer à l'acheteur le défaut de transcription.

VIII. Un tiers acquéreur ne peut opposer aux ayants-cause du vendeur primitif le défaut de transcription ou inscription que si l'acte d'acquisition de son auteur a été transcrit avant la publicité des droits conférés aux ayants-cause du vendeur primitif.

IX. Les créanciers chirographaires peuvent opposer le défaut de transcription d'une donation.

X. Les héritiers du donateur ne peuvent pas opposer au donataire le défaut de transcription.

XI. L'art. 1072 en parlant des donataires, des légataires ou même des héritiers du disposant, n'entend parler que des grevés.

DROIT COMMERCIAL.

I. Les créanciers chirographaires du failli ne sont pas admis à se prévaloir du défaut de transcription des actes d'aliénation consentis par leur débiteur, si ce n'est dans le cas où le syndic a pris en leur nom inscription.

II. Le vendeur qui n'a pas conservé son privilége en cas de faillite, conserve néanmoins son droit de résolution.

DROIT PÉNAL.

I. Le complice d'un parricide doit être puni de la même peine que l'auteur.

II. La tentative d'avortement, quand elle n'émane pas de la femme, n'est pas punissable.

HISTOIRE DU DROIT.

I. La saisine est d'origine germanique.

II. Les établissements de Saint-Louis ont eu autorité législative.

DROIT INTERNATIONAL.

L'étranger appartenant à une nation où les lois admettent le divorce, peut, s'il est divorcé, contracter mariage en France, même avec une française.

Vu, *le Président de la Thèse,*
J. LABBÉ.

Vu, le doyen de la Faculté,
G. COLMET D'AAGE.

Vu et permis d'imprimer,
LE VICE-RECTEUR DE L'ACADÉMIE DE PARIS,
A. MOURIER.

Versailles. — Imprimerie G. BEAUGRAND et DAX, rue du Potager, 9.

Contraste insuffisant

NF Z 43-120-14

9 782016 171936